朝日新書
Asahi Shinsho 979

蔦屋重三郎と吉原

蔦重と不屈の男たち、そして吉原遊廓の真実

河合　敦

朝日新聞出版

はじめに

来年のNHK大河ドラマ『べらぼう』は、蔦屋重三郎《つたやじゅうざぶろう》の波瀾万丈《はらんばんじょう》の生涯を描くという。名前は聞いたことがあっても、蔦屋重三郎がどんなことをした人物なのかを詳しく知っている方は少ないだろう。

重三郎は、江戸時代中期に一代で成り上がった版元（本や絵画など印刷物の出版を手がける業者。いまでいえば出版社）の経営者である。

ただ、吉原という特殊な場所に生まれたことで、どんな版元よりも遊廓《ゆうかく》（郭）の裏事情に精通していた。というより、吉原の有力者の依頼によって遊廓を宣伝するために版元稼業を始めたのではないかと私は考えている。だから当初は、吉原遊廓の案内書「吉原細見《さいけん》」や高級遊女の容姿や性格、才芸などを紹介する「遊女評判記」などを主に手がけていた。

やがて、狂歌を中心とした「連」(いわゆる文化サロン)などに出入りするようになり、ついには自らが「連」の主宰者となって狂歌師や戯作《げさく》(小説など俗文学)者《しゃ》、絵師(画工)との関係を深めていった。こうして重三郎が経営する耕書堂《こうしょどう》は、本や浮世絵を提供する単なる出版社や書店ではなく、江戸一流の文化人たちが集うサロンとしても機能することになったのである。

蔦屋サロンに集う人々は互いに啓発され、あるいは影響を受け、それがさらなる創作活動の発展につながり、新しい文化を生み出す原動力となったはずだ。

重三郎も狂歌師や戯作者、絵師の創作を積極的にサポートするとともに、彼らを吉原という特殊な世界に引き入れてさらに深い交流を持ち、彼らが生み出す作品を売り出して大きな利益を得たのである。

重三郎は、プロデューサーとしても優れた才能を発揮した。見やすい吉原細見、趣向を凝らした狂歌絵本、美人や役者の大首絵《おおくびえ》など、常に斬新な企画を考えて人びとをアッと言わせ、大きな話題を集めた。

重三郎は、大物作家や絵師を専属のようにして多くヒット作を世に送り出すとともに、歌麿《うたまろ》、写楽《しゃらく》、馬琴《ばきん》、一九《いっく》、北斎《ほくさい》といった、有能な文人や絵師を探し出し、彼らを大々的に売り出した。重三郎の見識は確かなもので、その多くが大作家や有名絵師に成り上がっていった。人の才能を見抜いて開花させる天賦の才の持ち主だったのだ。

このように蔦屋重三郎は、出版物を通じて狂歌や戯作、浮世絵や歌舞伎・浄瑠璃といった江戸っ子文化を広く支え、その発展に大きな貢献をした。

重三郎が活躍した田沼《たぬま》時代は、老中・田沼意次《おきつぐ》が政権を握った比較的官憲の取り締まりが緩い時期であった。ゆえに、版元はかなりきわどい政治風刺や馬鹿げた内容の書物も刊行することができた。たとえば恋川春町《こいかわはるまち》や山東京伝《さんとうきょうでん》といった超有名な戯作者の黄表紙などは、庶民の生活や風俗を描いたものが多いが、滑稽でありながらも鋭い社会風刺が込められていた。こうした本は、各版元からも続々と刊行されていった。それは、江戸っ子が心から求める内容だったからだろう。

ところが、状況は田沼意次の失脚によって一変する。老中・松平定信《まつだいらさだのぶ》が始めた寛政の改革では、厳しい出版統制がおこなわれ、政治的な風刺や風俗を乱すような内容は厳禁されてしまう。こうして多くの版元や戯作者が萎縮するなかで、蔦屋重三郎はあの手この手で取り締まりを逃れつつ、人びとの求める書籍を出し続けたのである。

結果、ついに処罰を受けてしまうが、重三郎のスゴさは、それでもまったくめげなかったことだろう。その後も版元稼業から身を引かず、次々と大型企画を実現し、世の中に己の存在を知らしめたのである。まったく不敵にもほどがある。

権力に対する反骨精神はゆるがず、版元としての矜持《きょうじ》を持ち続けた蔦屋重三郎。しかし残念ながら彼は病のために四十八歳という若さでこの世を去ってしまった。

とはいえ、重三郎は江戸時代の出版文化に大きな画期をもたらし、彼が重用した戯作者や絵師たちが後の日本文学や美術に与えた影響は計り知れない。

いや日本だけではない。重三郎と関係の深かった歌麿や北斎の絵は、幕末から明治にかけて世界的に高い評価を受け、ヨーロッパで日本ブーム（ジャポニスム）が巻き起こり、その斬新な構図はモネやゴッホなど印象派画家に大きな刺激を与えたのである。

また、重三郎が刊行した膨大な戯作や浮世絵の多くは現存し、当時の人びとの暮らしや風俗、思想を伝える貴重な史料となっている。

本書では、そんな蔦屋重三郎の生きざまと功績、彼と親交を結んだ人びとの活躍を詳しく紹介したいと思っている。

二〇二四年十二月　　　　　　　河合　敦

蔦屋重三郎と吉原

蔦重と不屈の男たち、そして吉原遊廓の真実

目次

Ⅰ

蔦重の原点は吉原にあり

蔦屋重三郎の生い立ち

寛延三年（一七五〇）正月七日、蔦屋重三郎は江戸の遊廓《ゆうかく》である新吉原《しんよしわら》で産声を上げた。父親は丸山重助といって尾張《おわり》の出身だという。時期は不明だが江戸にやって来て、吉原遊廓で働くようになったらしい。ちなみに吉原遊廓には、尾張の出身者が極めて多い。庄司勝富《しょうじかつとみ》（吉原の創業者・庄司甚右衛門《じんえもん》の子孫）が記した『北女閭起原《ほくじょりょきげん》』には、「吉原遊廓が始まったころ尾張の者はいなかったが、いつのころからか増え始め、いまでは過半の者が尾張出身者で占められ、尾張国知多郡には吉原の寄進で建立された念仏堂がある」と記されている。

戦前、愛知県の郷土史家・沢田次夫が調べた結果、『吉原大絵図《よしわらおおえず》』の揚屋町《あげやまち》にある十八軒の揚屋のうち七軒が尾張出身だと結論づけている。さらに研究者の日比谷孟俊氏は、この論稿をもとに、新たに愛知県南知多町にある寺院の過去帳や位牌、香炉銘や新史料、さらに「吉原細見」などを広く調査・分析し、沢田の誤りを訂正しつつも、揚屋だけでなく、妓楼《ぎろう》経営者や関係商人、遊女など吉原遊廓における尾張出身者の多さを証明した。

では、なぜ吉原に尾張から人が入り込んできたのか。

それに関して日比谷氏は、尾張の「知多半島は豊かな土地であり」、「酒造が盛んであった」。「酒造りが行われるためには、米を供給する豪農の存在が不可欠である。その経済利潤による農村金融が、知多においては早い時期から確立していたと考えられる。この資金を活用して、知多半島から多くの人が吉原に出向き、ビジネスを展開し成功していったものと考えられる」（日比谷孟俊著『江戸吉原の経営学』笠間書院）と述べている。

蔦屋重三郎の実父、丸山重助も郷土の先輩たちの活躍を目の当たりにして、一稼ぎしようと、つてをたどって吉原にやって来たのかもしれない。

一方、重三郎の母は名を津与といい、江戸生まれだったことはわかっている。

ただ、両親のことについては、それ以外、まったく記録が残っていないのだ。また重三郎に兄弟や姉妹がいたのかすら、定かではない。

ところで、江戸で生まれ育った者を江戸っ子と呼ぶが、じつは古くからあった言葉ではなく、『日本国語大辞典』（小学館）によれば、明和八年（一七七一）の「川柳評万句合《せんりゅうひょうまんくあわせ》」に載る川柳、

「江戸っ子の　わらんじをはく　らんがしさ」

に初めて登場するのだという。

後述するが、ちょうどこの時期は、田沼意次が幕府の政治をになった田沼時代であった。田沼時代は、庶民に対する締め付けが緩かったり、商業を重視したこともあり、町人文化が爛熟《らんじゅく》しつつあった。重三郎が二十代になったばかりで、そろそろ版元（出版業）を始めようと思い立った頃である。

ただ、江戸っ子の正確な定義は、三代江戸に住み続けた者に限るそうだ。その意味で重三郎は、中途半端な江戸っ子だったことになる。

しかも、生まれた場所は、江戸市中といっても極めて特殊な吉原という遊廓だった。自由が謳歌《おうか》できる時代に、特殊な環境で生まれ育ったことが、蔦屋重三郎の人生に大きな影響を与えたことは間違いないだろう。

ちなみに吉原というと、遊女のイメージが強すぎて、その住人の多数を彼女たちが占めていたように思うかもしれない。が、吉原の廓内には遊女屋や茶屋、飲食店などが多く立ち並び、男女問わずさまざまな関係者が多数廓内で暮らしていたのだ。人口約八千人のうち、女性は四千人程度に過ぎず、あとは男だったという研究もある。

重三郎の両親がどんな仕事で生計を立てていたかはわかっていないが、重三郎本人がまだ七歳のときに離婚してしまった。ただ、離婚は当時それほど珍しいことではない。

女性の方から離婚する権利はなかったが、結婚前に三行半《みくだりはん》（離縁状、再婚許可状）を夫になる男から受け取る女もいたといわれ、圧倒的に男が多かった江戸では、女性は再婚相手に困らなかった。

ただ、子連れだと差し障りがあったのか、両親の離婚を機に重三郎は吉原で茶屋「蔦屋」を営む喜多川《きたがわ》氏の養子となっている。茶屋は引手茶屋のことで今の喫茶店とはちがう。引手茶屋は吉原に遊びに来た客を揚屋や妓楼に案内する店のことだ。吉原のメインストリート・仲の町の左右には、引手茶屋がずらりと並んでいた。養子縁組の経緯ははっきりしていないが、重三郎の両親が別れるにあたって幼子を持て余した可能性はあると思う。

ともあれ、まさに謎だらけの生い立ちなのだが、後に曲亭《きょくてい》馬琴（『南総里見八犬伝《なんそうさとみはっけんでん》』など売れっ子の読本《よみほん》作家）が記したところによれば、重三郎は本名を柯理といった。「柯」という文字には木の枝や草の茎という意がある。一方、「理」には物の裏側、体の奥、理屈など、さまざまな意味がある。だから、柯理という名にどんな意図が込められているのか、残念ながらわからない。こう書いて、「からまる」と読ませるという説もある。おそらく後年の狂名（狂歌作家としての号）の「蔦唐丸《つたのからまる》」から連想したのだろう。

重三郎の叔父は、仲之町《なかのちょう》通りの茶屋「駿河屋《するがや》」を経営していたという説もある。

狂歌仲間の石川雅望《いしかわまさもち》が刻んだ蔦屋重三郎の墓碣銘《ぼけつめい》（故人の生涯や功績を墓石に刻んだ文）が今に伝わっている。そこには、「志気英邁、不修細節、接人以信」という一節がある。「志が大きく、才知に優れ、小さなことにこだわらない大きな度量を持ち、人には信義をもって接する人物」という意味だ。

この碑文は当時の人びとも見たはずなので、多少の誇張があっても全くの嘘は書いていないだろうから、きっとそうした資質を有していたのだろう。だからこそ、重三郎は一代で江戸を代表する大きな版元に成り上がれたのである。

あまり重三郎のことを快く思っていなかった曲亭馬琴も、次のように評価している。

「蔦重は風流もなく文字もなけれど、世才人に捷《すぐ》れたりければ、当時の諸才子に愛顧せられ、その資《たすけ》によりて刊行の冊子みな時好に称《かな》ひしかば、十余年の間に発跡して、一、二を争ふ地本問屋になりぬ（蔦屋重三郎は上品さや雅な趣きもなく、文学的な才能もなかったが、世の中の事情に通じて世渡りが上手かったので、当時の文才など才知のすぐれた人々〈作家〉に気に入られ、彼らの助けを借りて出版した本は、いずれも世の中に受け入れられて流行したので、たった十年の間に成り上がって江戸で一、二を争う版元になった）」（曲亭馬琴著、徳田武校注『近世物之本江戸作者部類』岩波文庫　※（　）内は筆者の補足）

さらに馬琴は、重三郎に関して人々が「世に吉原に遊びて産を破るものは多けれど、吉原より出《いで》て大賈《たいこ》になりたるはいと得がたし（世の中には、吉原遊廓で遊びすぎて破産する者は多いけれど、吉原から世の中に出て豪商に成り上がった例はない）」（前掲書）と口々に言っていたと述べている。吉原という特殊な地域から出た若者が、短期間で版元として栄達したその手法は大いに気になるところだ。

本書では、さまざまな仕掛けによって多くのヒット作を生み出していった蔦屋重三郎の生きざまをあぶり出していこうと考えている。ただ、いかんせん、彼についての史料が少ない。手紙も日記も残っていない。そこで、蔦屋重三郎の耕書堂から刊行された作品（本や浮世絵）、関わった多くの戯作者や狂歌師、絵師たちの生涯を手がかりにして探っていこうと思っている。

重三郎が出版界に身を置くようになったのは、二十二歳のときのことであった。今で言えば、ちょうど大学を卒業したての年齢といえよう。時は安永元年（一七七二）、ちょうど老中の田沼意次が幕政を主導していたときであった。そして田沼時代だったからこそ、重三郎は思う存分、活躍ができたのである。つまり、時勢が重三郎を押し上げた面があるのだ。

田沼意次の栄達

田沼意次といえば賄賂政治で有名だが、それはどうやら、政敵の松平定信一派が流したデマである可能性が高いという。これについては後に詳しく述べるが、権力者に付け届けをするのは、江戸時代の一般的な慣行であったし、意次が特別に法外な賄賂を要求したり、受け取ったという確かな記録は存在しない。

では、田沼意次はどのような人物で、いかにして権力者に成り上がっていったのか。そのあたりのことを、重三郎が活躍した時代の空気を知る意味でも紹介していこう。

意次の父・意行《おきゆき》は、もともと紀州《きしゅう》藩の足軽に過ぎなかったが、やがて主君・吉宗《よしむね》の奥小姓（身の回りの世話や雑務をこなす側近）に登用された。そんな吉宗が運良く八代将軍に就いたことで、意行も吉宗にしたがって江戸へのぼり、幕府の旗本に登用されたのである。その後意行は吉宗に重用され、小姓から小納戸《こなんど》頭取に昇進、家禄も三百俵から六百石の知行地を与えられることになった。

意次が意行の長男として生まれたのは、すでに父が旗本になっていた享保四年（一七一九）のことであった。意次は十四歳のときに将軍吉宗に初御目見得して田沼家の跡取りと認められ、十六歳のとき吉宗の世嗣《せいし》である家重《いえしげ》の小姓（身のまわりの世話や雑用を務める役）となり、父とは別に三百俵の禄が与えられた。

将軍世嗣の小姓になるということは、将来の栄達を約束されたも同然だった。とはいえ少年だったので、意次の能力が買われたというより、吉宗に重用された父のお陰だったと思われる。そんな父の意行が同年に没したので、翌年、意次が田沼（六百石）の家督を継承した。十七歳のときのことだ。

それから十二年後の延享二年（一七四五）、吉宗の引退に伴って主君の家重が九代将軍になった。すると意次は小姓組番頭格・御用取次見習をへて小姓番組頭にのぼり、禄高も六百石から二千石となり、宝暦元年（一七五一）には側用取次に抜擢《ばってき》されたのである。相当有能な官僚だったうえ、家重の覚えもめでたかったのだろう。さらには宝暦五年、加増されて五千石を給されるようになった。これは、旗本としては最上級である。

しかも、意次の昇進はそれで終わらなかった。宝暦八年には五千石を追加され、ついに一万石の大名に取り立てられたのである。これは、異常なほどの栄達といえる。

さらにスゴいのは、将軍家重が引退したあと、意次は新将軍・家治《いえはる》（家重の子）のもとで、そのまま御用取次として仕え続けたことだ。将軍の代替わりがあると、その側近は職を免じられるのが通例であり、家重のときも、他の者たちはすべて職を辞している。

じつは意次の残留措置は、家重の意思だったのである。大御所となった家重は、翌年死去するが、そのさいも家治に対し「田沼を重く用いるように」と遺言したといわれる。

こうした父の遺志に従い、新将軍家治は意次を重んじていった。家治は意次を側用人、さらには老中に抜擢して政治を一任するようになり、意次の領地は最終的に五万七千石まで増えた。

側用人となった明和四年（一七六七）頃から天明六年（一七八六）までのおよそ二十年間、田沼意次は幕府の実権を握ることになった。この時期を田沼時代と呼ぶが、なぜ意次はこれほどの長期政権を打ち立てることができたのか。

それについて、研究者の藤田覚《ふじたさとる》氏は、次のように述べている。

「田沼意次が強大な権力を持つことができた秘密は、表の幕府職制の頂点である老中と、中奥の役人の頂点である側用人を兼ねたところにある。老中は、幕府の政策を立案し執行する責任者である。将軍は、老中からその政策の可否を問われ、側用人や御用取次に補佐されて決定を下す。老中と側用人や御用取次を兼ねると、政策の立案・執行の責任者と将軍の判断を補佐する役割を、同一人が果たすことになる。また、将軍が独自に政策や人事を実現したいと考えた場合、その相談に預かり将軍の意思を伝達する側用人や御用取次の役割と、それを執行する老中の役割を同一人が務めることになる。将軍の意思の体現者と執行の責任者が同一人なのである。意次という人物による表と中奥の一体化である。将軍の権力が強化されてきた状況に、将軍家治が幕府政治に積極的に関わろうとしなかったことが重なって、意次の権勢は空前の強さになった」(『田沼意次—御不審を蒙ること、身に覚えなし—』ミネルヴァ書房)

このように、当時の幕府の仕組みが、意次の独裁を可能にしたというのである。

ただ、それだけではなかった。

意次は多くの息子や娘、弟、甥などの血脈を利用して徳川一族を含む大名家と縁戚関係を結び、短期間のうちに巨大で強固な派閥をつくり上げたのである。また、幕政に影響力のある大奥も手中に収めた。自分の妾を介して大奥の年寄(最高実力者)など奥女中たちと強固なコネクションを構築したのだ。

農本主義からの脱却を目指した田沼政治

田沼意次が主導した幕政は、これまでの幕府の方針とは大きく異なっていた。

農村からの年貢を主財源として財政を運営する農本主義を大きく転換したのである。株仲間と呼ばれる商人や職人の同業者組合を積極的に公認し、株仲間の営業や流通上の独占権を認めるかわりに、運上《うんじょう》・冥加《みょうが》と称する税を納入させるなど、商業資本から収入を得ようとしたのだ。

これより前、八代将軍・吉宗の享保の改革によって幕府の財政は好転した。質素倹約を徹底して支出を抑え、農民たちに大幅な増税をおこなって収入を増やしたからだ。しかし、しばらく経つとまた、財政は逼迫《ひっぱく》するようになっていった。けれど今度はもう、農村をあてにするのは難しかった。吉宗の時代、農民から搾るだけ搾りとったので、これ以上の増税は百姓一揆を誘発するだけで、へたをすれば政権を揺るがしかねない事態に発展する危険性もあった。

そこで前述のように、田沼意次は人々の商活動から得た売り上げに税をかけることを推し進めたのだ。

さらにこれ以外にも、意次はさまざまな政策を進めていった。

明和八年（一七七一）、ロシアに捕らわれカムチャツカに流罪《るざい》となっていたベニョフスキー（ハンガリー人）が仲間たちと軍艦を奪って脱走した。そして、逃走中に土佐《とさ》や阿波《あわ》に寄港したのだが、このおり、「ロシア軍が来年、蝦夷地《えぞち》（現・北海道）へ襲来する」という情報をもたらしたのである。

それは単なるデマに過ぎず、何とも人騒がせな異国人だったが、この話に触発された仙台藩の江戸詰藩医・工藤平助《くどうへいすけ》は、『赤蝦夷風説考《あかえぞふうせつこう》』を書き上げた。そこには、伝聞をもとに「ロシアは交易のために蝦夷地に接近しようとしている。ロシアの南下に警戒するとともに蝦夷地の金銀山を幕府が開発・経営し、ロシアの求めに応じて貿易すれば、大きな利益を得ることができる」と記してあった。平助はこの『赤蝦夷風説考』を意次に献上したのである。

同書を読んで喜んだ意次は、なんと、ロシアとの交易を企画するようになったのだ。よく知られているように、幕府は当時、オランダや清、朝鮮以外の国とは通商や通交を厳しく禁じていた。つまりこれは、幕府の外交方針の大転換だといえる。

じつは意次は、このときすでに対外交易の転換と拡大をはかっていた。江戸時代初期、長崎におけるオランダ・清国との貿易は、金・銀の輸出が主流だった。が、元禄時代以降、金銀山の産出量が減少したため、七代将軍家継《いえつぐ》の側近・新井白石《あらいはくせき》は、貨幣原料の不足を危惧し、貿易制限令（長崎新令）を発して輸出額を制限するようになっていた。

意次はこうした消極的な姿勢を改め、俵物《たわらもの》（干した海産物を俵に詰めたもの）や銅を積極的に輸出するようにした。海産物の干物は、清では中華料理や漢方の食材・材料として珍重されていた。また、元禄時代に別子《べっし》の銅山が発見され、莫大な銅が産出できるようになっていた。

こうしたことから、俵物と銅を輸出するかわりに、貨幣の原料でもあった金銀の輸入を開始したのだ。まさに発想の転換といえた。

つまり意次の交易殷賑《いんしん》政策の延長線上に、日露の貿易計画も組み込まれることになったわけだ。それにしても、百年以上続いてきたいわゆる鎖国と呼ばれる外交体制を平然とぶち破り、ロシアという未知の大国と通商をしようというのだから、田沼意次はなんとも大胆な人物である。

ただ、通商政策に限らず、「縮小するのではなく、拡大していく」というのが、意次の政治スタンスであった。

蝦夷地についても、南下するロシアに侵略されるまえに手中におさめようと考えた。そこで天明五年（一七八五）、幕臣の山口鉄五郎、庵原弥六《いはらやろく》、佐藤玄六郎、皆川沖右衛門、青嶋俊蔵、最上徳内《もがみとくない》らに探検隊を組織させ、蝦夷地に進発させた。当時、蝦夷地がどのような土地なのか、よくわかっていなかったので、彼らに開発の可能性を探らせたのである。

探検隊は「蝦夷地を開墾して耕地化すれば、五百八十万石以上の収穫を得ることができる」と意次に復命した。当時の幕領（幕府の直轄地）は四百万石だったから現実とかけ離れた見当ちがいの数字だが、それでも開拓計画が実現していれば、幕府の収入は大幅に増えたろう。が、意次が失脚したことで、日露貿易も蝦夷地開発計画もともに頓挫した。

なお、開発計画といえば、意次は印旛沼《いんばぬま》（周囲六十キロ、面積二十平方キロ）の干拓工事も進めた。利根川から印旛沼へ流れ込む水をせき止め、四里十二町余（十七キロ）におよぶ堀割（水路）を掘って江戸湾へ落として水を抜き、大水田地帯を出現させようという構想だった。さらに堀割が完成すれば、常総の物資を利根川から堀割をへて一日で江戸湾へ運ぶことができるようになる。新たな物流による経済効果は計り知れない。しかし、この干拓工事は完成直前に大洪水に見舞われて打撃をうけ、さらに意次の失脚によって中断されてしまった。

このほか意次は、東日本と西日本で統一されていなかった貨幣制度を一本化しようとしている。東日本は、金を計数貨幣（両・分《ぶ》・朱《しゅ》という単位が決まっているお金）に鋳造して用いていた。対して西日本では銀貨が使われていたが、それは秤《はかり》で量《はか》って使用するという秤《しょう》量《りょう》貨幣であった。

この不統一と金銀交換の煩雑さを解消し、東西間の経済活動を活発化させようと考えたのだ。具体的には、南鐐《なんりょう》二朱銀（八枚で小判一枚と交換できる銀貨）と称する計数銀貨を大量につくって流通させ、金を中心とする貨幣制度への統一をこころみたのである。

このように田沼政治は、これまでの幕政とは根本的に異なる、気宇壮大なものだったことが理解できるだろう。

江戸時代の出版の仕組みとは

このように田沼意次の諸政策は、商業に重点を置いたものだったので、裕福な商人（町人）や豪農が力を持つようになった。一方、武士の気風は衰え、利権をめぐって役人と商人との癒着も増えていった。

けれど一方で、こうした商業重視の風潮に世相も刺激を受け、学問や文学、芸術が大いに発展していった。最近、日本史の教科書では、この時期の文化を化政文化と切り離し、宝暦・天明期の文化と呼ぶようになっている。宝暦・天明期は古い体制から離脱しようとする動きが強くなり、学問の分野では蘭学《らんがく》や国学が発達する。絵画では多色刷の浮世絵版画（錦絵）が完成。小説では洒落本《しゃれぼん》や黄表紙が流行した。浮世絵や小説については、あとで詳しく語るつもりだ。さらに、教育の普及（寺子屋の増加）によって、武士だけでなく読み書きできる庶民が増加し、学習意欲が高まって出版文化が花開いた。

これまで武士や公家、寺社の書庫に秘蔵されていた国内外の古典籍も、版元たちが次々に書籍として刊行、手軽に読むことができるようになった。また、こうしたお堅い本だけでなく、俳諧や和歌、謡《うたい》や浄瑠璃、歌舞伎に関する本、手習本や戯作（通俗小説）、好色本、算術本、重宝記《ちょうほうき》（日常生活に役立つ実用・便利書）などなど。さらには、占い本や健康本など、さまざまなジャンルの膨大な書籍が刊行されていった。

長い人類の歴史のなかで、庶民階層の知識や教養は口伝《くでん》によって伝承されてきた。しかし江戸時代に入って初めて、口伝によらずとも、庶民個人が本を読んで知識を蓄え、技術を獲得できる社会が、日本に、いや、世界に初めて出現したのである。一部の特権階級に独占されてきた知識や技術が書物によって開放されたのだ。

ただ、元禄時代までは京都などの上方が出版界で圧倒的な力をほこり、新興都市・江戸の本屋は、支店として上方の版元が印刷した本を販売していた。あるいは、上方の版元と縁故のある者たちが本屋を経営していた。

だが、元禄時代以降になると、次第に江戸の出版界も成長していった。

ちなみに版元と言っても、大きく二つの系統があった。

比較的お堅い本を発行するのが、書物問屋《しょもつといや》（書物屋）である。江戸における書物問屋の代表が、日本橋通一丁目久兵衛店に店を構えていた須原屋茂兵衛《すはらやもへえ》だ。老舗中の老舗で、この時期、須原屋一族は六軒もの店を江戸市中に構え、書物問屋南組を牛耳っていた。

軽い本を刊行するのが、地本問屋《じほんどんや》（地本屋）だ。その代表な版元が鶴屋喜右衛門《つるやきえもん》である。

八代将軍吉宗の享保六年（一七二一）、江戸で書物問屋仲間（同業者の特権的組合）が三組（通町・中通・南）成立した。幕府は、この問屋仲間から選ばれた書物改役行司二名を通じて書籍の出版を統制するようになった。

一方、地本問屋の仲間（特権的組合）はこの時代にはまだつくられず、自由に出版することができた。

ざっくり、江戸時代の出版の仕組みを解説しておこう。

おおむね版元が中心になって企画を立て、それに沿った文章や絵を作家や絵師に依頼する。これに応じて作者や絵師が原稿や下絵を書（描）く。出来上がったものは、本屋仲間が内容を検閲した。そしてゴーサインが出ると、彫り師が版木に文字や絵を彫っていく。

出来上がった版木は校閲に回して修正する。こうして完成した版木に絵の具をつけ、摺師《すりし》が馬棟《ばれん》で紙の上をこすって色を付着させて摺っていき、版元が製本して販売するのである。

ともあれ、教育熱によって識字率はますます高まったので、版元という商売は、大いに伸びしろのある業界だったといえよう。だからこそ重三郎は、父親のように遊廓で働くのではなく、版元という仕事に目をつけたのだろう。

新吉原大門口《おおもんぐち》の五十間道《ごじっけんみち》に、蔦屋次郎兵衛《じろべえ》の経営する茶屋があった。次郎兵衛は重三郎の義兄だといわれているが、重三郎はこの茶屋の店先《たなさき》を間借りして本の販売を始めた。それがのちの耕書堂である。遅くとも安永二年（一七七三）には商いは始まっていたようだ。

こうして間借りの小さな店舗から出発した蔦屋重三郎だが、その「巧思妙算、非他人所能及也（巧みな構想やすぐれた戦略は他人が及ぶところではなく）」（石川雅望の墓碣銘）、己の才覚によって「遂為一大賈（ついに一代で豪商に成り上がった）」（同）のである。

そんな立志伝中の重三郎のことを雅望は、司馬遷《しばせん》の『史記《しき》』に登場する「陶朱公《とうしゅこう》」にたとえている。

陶朱公は、春秋時代末期に活躍した人物で、范蠡《はんれい》とも呼ばれていた。越《えつ》の王・勾践《こうせん》に仕え、呉《ご》に敗北して荒廃した越を再建した逸材であった。しかしその後、「狡兎《こうと》死して走狗《そうく》烹《に》らる」と、功臣であるがゆえに身の危険を感じて勾践のもとを離れたのである。

その後は斉《せい》という国で鴟夷子皮《しいしひ》と名を変えて第二の人生を生き、大富豪に成り上がったのだ。後に斉から頼まれて宰相をつとめたが、そのさい、人びとの妬みを買うのを嫌い、すべての財宝を他人に与えてしまったという。そして今度は陶《とう》の国に移り、陶朱公と名乗ってまたも大商人として成功したと伝えられる。

『史記』には「貨殖列伝」といって、陶朱公のほか白圭《はくけい》、子貢《しこう》など商売で成功した富豪たちを描いた一章が設けてある。多くの富豪のなかであえて石川雅望が陶朱公を選んだのは、その生きざまが重三郎を彷彿《ほうふつ》させたからだと思う。きっと、戦略や戦術に長け、一国の宰相もつとまる度量を持ち、かといって権力に恋々とせず、しかも、どこに身を遷《うつ》しても商才を発揮して成功する、蔦屋重三郎とは、おそらくそんな人物だったのだろう。

当初、重三郎は貸本や本の小売りをしていたという。貸本屋を開くには株（営業する権利）が必要なのだが、いったいそれをどうやって手に入れたのだろうか。気になるが、残念ながら史料は残っていない。

重三郎ははじめ、大手の版元・鱗形屋孫兵衛《うろこがたやまごべえ》が出版する吉原細見『這婢観玉盤《このふみづき》』（安永二年秋）や『嗚呼《ああ》御江戸』（安永三年春）を店頭で小売りしていた。

吉原細見というのは、いわゆる吉原の遊廓で男たちが遊ぶためのガイドブック、あるいはアダルト情報雑誌のようなものであった。

この吉原細見には、遊女屋（屋号と店主名）と所属する遊女の名前と遊女のランク（位）、遊女と遊ぶのにかかる金銭（揚《あ》げ代）も明記してある。また、芸者（遊女とは異なり体は売らず、芸を披露する）や茶屋の名前などが書かれている。さらに吉原で開かれるイベント（紋日）日程や名物などが詳しく紹介してある。

貞享年間（一六八四～一六八八）から刊行されるようになったといわれ、八代将軍吉宗の享保年間（一七一六～一七三六）には、各版元が競って発売するようになった。吉原細見の発行は春と秋の年二回だったが、やがて版元は淘汰されていき、重三郎が業界に入ったときは、すでに鱗形屋の独占状況になっていた。

吉原遊廓の誕生と移転

これまで何度も吉原という遊廓に触れてきたが、蔦屋重三郎はこの場所で生まれ育ち、本屋となってからもこの場所を書物や浮世絵で大いにアピールし、同時に飯の種にしてきた。

このあたりできちんと、吉原の仕組みについて触れておこうと思う。

江戸幕府が公認していた遊廓の代表は、江戸の吉原、京都の島原《しまばら》、大坂の新地《しんち》である。これらを俗に三大遊廓と呼んだ。

遊廓の周囲は、堀や塀でしっかり囲まれていた。つまり、お城の廓《くるわ》（曲輪《くるわ》）と同じだから遊廓というのだ。ただ、遊女が集まっている場所なので、遊廓という名称が付いたらしい。別名を色里、くるわ、遊里などともいい、男たちにとっては日常では味わうことのできない最高の快楽が堪能できる、まさにパラダイスそのものだった。

しかも一歩、遊廓内へ足を踏み入れると、江戸時代の厳しい身分の上下関係が消え失せたのである。色里では、大名だろうと商人だろうと関係ない。どれだけ気前よく金銭をばらまくか、通や粋といわれるように、その言動や振る舞いがいかに洗練されているかが客の価値すべてを決めたという。非常に特殊な世界だったわけだ。

戦国時代末期、京都や大坂などには、集まる男たちをあてこんで遊女屋が林立し、勝手に客を取って遊ばせるようになった。風紀が乱れるということで、豊臣《とよとみ》政権は遊女屋を一カ所に集めたが、その方針を江戸幕府も踏襲したのである。

天正十八年（一五九〇）、小田原北条《おだわらほうじょう》氏を倒した豊臣秀吉《ひでよし》は、その旧領を徳川家康《とくがわいえやす》に与え、江戸を拠点にしろと命じた。秀吉の死後、関ヶ原《せきがはら》合戦で覇権を握った家康は、慶長八年（一六〇三）、朝廷から征夷大将軍に任じられて江戸に幕府を開いた。家康は江戸城と城下を天下普請《てんかぶしん》（諸大名に命じる土木工事）によって大改修をはじめたので、各地から労働者たちが江戸に集まりはじめた。そんな男たちを当てにして、慶長十七年（一六一二）（異説あり）、日本橋の葺屋町《ふきやちょう》に初めて遊廓が誕生したといわれる。それが吉原である。

遊廓の設置を申請したのは、遊女屋の代表・庄司甚右衛門であった。幕府は、甚右衛門に遊廓の開設を認める代わりに「客の逗留《とうりゅう》は一昼夜に限る。人身売買の不法行為を防止する。犯罪者の逮捕に協力する」という三条件をつけたといわれる。

江戸はその後もますます発展して人口も爆発的に増加したので、吉原遊廓も大繁盛となった。ところが、である。明暦三年（一六五七）の明暦の大火により、江戸の市街地の大半が焼失し、このとき吉原も焼けてしまったのだ。

日本橋界隈は江戸城の大手に近く、水陸の交通の要衝であった。そのため魚河岸、金座・銀座があり、大店《おおだな》も集中していた。そんな江戸の中心地だったので、幕府はさらなる発展をはかるため、大火を機に市街地の整備に乗り出した。

そうしたなか、売買春を行う一大歓楽街たる遊廓が日本橋地域に位置するのは、風紀を乱す原因になると判断したのだろう。江戸郊外の浅草へ移されることに決まったのである。

当時の浅草一帯は江戸の郊外で田園も多かった。そんな二万坪に及ぶ地域を四角に区切り、田圃を埋め立てて新たに遊廓を造成したのだ。以後、葺屋町の吉原跡を元吉原といい、浅草のほうは新吉原と呼ぶようになった。

新吉原は江戸の中心部から外れたが、遊びに行くには徒歩や乗り物（馬や駕籠《かご》）以外に、舟を使う場合も多かった。大川（隅田川）沿いの船宿（休憩所のある船の貸し出し業者）に入り、そこで小舟（猪牙舟《ちょきぶね》）をチャーターして川をさかのぼり、山谷堀《さんやぼり》から陸へ上がって日本堤を通って新吉原へ向かうのだ。

日本堤で歩いていると知人に会うこともあったが、そこはそれ、互いに知らないフリをしたのだった。なかには本人とバレぬよう変装する者もいたそうだ。とくに僧侶などは、坊主頭だから「俺は医者だ」と身分を偽ったり、カツラをかぶったりして吉原通いに精を出したという。しかしときたま町奉行所の一斉摘発が入り、のんびり妓楼に泊まっていると、逮捕されることもあった。

寛政八年（一七九六）には六十七人、天保十二年（一八四一）には四十八人の僧侶が、吉原で女犯《にょぼん》の罪で捕まり、江戸の日本橋で晒されている。

吉原で遊ぶにはいくら必要か？

さて、いよいよ新吉原に到着する。ただ、遊廓の周りはぐるりとお歯黒溝《はぐろどぶ》と称する堀がとりまいていて、とても飛び越えることができない幅（一説には九メートル）がある。しかも出入り口は、大門と呼ぶ一カ所のみであった。

いうまでもなくこれは、遊女の逃亡を防ぐための措置であり、同時に犯罪者の侵入を防止する目的もあった。大門を入ると、すぐ左手に面番所が設置されている。番所内には町奉行所から出張してきた役人たちがおり、客の出入りに目を光らせている。槍や長刀などの武器は持ち込むことはできなかったし、一般の女性も客として原則入ることはできない（花見の時期などは見物が許された。また、許可証があれば特別に入れた）。

大門から真っ直ぐに大きな通り（仲之町）が中央を貫き、左右には引手茶屋がずらりと並んでいる。吉原全体は、江戸町《えどちょう》・京町《きょうまち》・角町《すみちょう》・揚屋町《あげやまち》・伏見町《ふしみちょう》などいくつかの区画に分けられ、大通りから一歩横道に入ると、今度は妓楼がずらりとならび、一階の張見世《はりみせ》では格子越しに遊女たちが座っている。全盛期（十九世紀前半）には、遊女が六、七千人以上おり、遊女以外の労働者たちも五千人以上いたという。

なお、遊女と一口にいっても多くの階級に分かれていた。最高ランクの太夫《たゆう》、その下に格子、そして散茶《さんちゃ》、切見世《きりみせ》など、しかも時代によって呼び方や階級数は変化する。たとえば最高級の太夫は、享保期は三千八百人の遊女の中でわずか四人だけだったが、重三郎の時代の明和年間（一七六四～一七七二）になると消滅し、散茶が最高位となる。

ちなみに花魁《おいらん》と呼ばれるのは太夫だけだったが、吉原から消えたこともあり、やがて高級な遊女一般をさす言葉になった。

花魁のような高級遊女を相手にできるのは「上客」と呼ばれる金持ちだけだった。豪商や大名とその重臣が大半だったから、教養があり芸事にも詳しい必要があった。だから遊女も格が高くなると、歌や踊りだけでなく、和歌や俳句、茶道や花道にまで通じていた。また、儒学や絵画、囲碁や将棋にいたるまで豊富な知識を有していた。

花魁は客を不快にさせないよう、体臭には気を遣い、悪臭の源になる生ものや臭い野菜は一切食べず、香料の入った湯船に長時間入り、常に匂い袋を身につけた。顔に汗をかくこともタブーとされ、暑い夏に打掛《うちかけ》を重ね着しても、汗をかかない鍛錬をしたといわれる。だからこそ、どんな客も満足させることができたのである。

さて、そんな花魁と遊ぶためには、客は揚げ代として一両二分払う必要があった。

それがどれくらいの価値になるのかということだが、じつは現代の金額に換算するのはほとんど不可能なのだ。江戸時代は二百六十年以上続いた。同じ一両小判でも、時期によって金銀の含有量が大きく違う。また、何を換算の指標にするかでも、大きく変わってくる。たとえば、大工や職人の賃銀を例にとって考えて見よう。

江戸時代、一両（＝四分）で二十三人の大工を一日雇えたという。いまの大工の日当は二万円ぐらいなので一両二分は七十万円ちかくになる。ところが米の値段で換算すると、十万円ほどなのだ。同じ一両二分なのに七十万円と十万円では、あまりにかけ離れている。それを理解してもらったうえで、米の値段に換算して話を進めていこう。

さて、初日は揚げ代として十万円を支払った。なのに、その日は花魁と床入り（性行為）することはできない。それはいくら金を積んでも無理。規則で少なくとも三度は足を運ばなくては床入りできないのだ。吉原では模擬的に夫婦のちぎりを結ぶという過程をとる。男と女が出会い、親しみ、恋に落ち、性愛関係になるという手順を踏む必要があるのだ。さらに意外なことは、客が支払った揚げ代は、花魁の懐には一銭も入らないことだ。すべて店の収益になってしまうのだ。

花魁たちの収入は、床入りした際に客から貰う「床花《とこばな》」だった。これは、いまでいうチップだ。つまり、三回目からようやくお金が入ってくる。これを俗に「三会目」といい、客と馴染みになるのだ。もちろんそれからも花魁たちは客がずっと訪れてくれるよう、あの手この手を考える。思わせぶりな言葉や別れの涙は当たり前、ラブレターもありふれた手段。場合によっては自分の体に刺青《いれずみ》で相手の名前を刻んだり、愛している印に小指を切り落として贈ったりする。生活がかかっているので必死だ。

さて、こうして花魁がもらう床花だが、その額はなんと揚げ代の四～五倍。米の金額に換算しても一晩に四十万～五十万円だ。大工の手間賃換算なら二百八十万～三百五十万円になる。いまの高級クラブや風俗店、いやぼったくりバーでも、さすがにここまではぶん取られないだろう。ただし、明確な規定はないから、上客はもっと気前よく金を出したようだ。

とはいえ、床花すべてが花魁本人の懐に入るわけではない。二割は店（妓楼）へ差し出し、もう二割は店のスタッフたちに渡す決まりになっていた。実質的に手にできるのは六割程度。つまり、いまの金額（米に換算）にして三十万円ほどが実収入だったわけだ。

しかも花魁は日に一人しか客をとらず、しかも毎回床入りするわけではないので、その月収はおよそ米換算で六百万円程度と考えてよい。ものすごい高収入のように思えるが、じつは花魁の手元に金はほとんど残らなかった。というのは、とにかく出費が多いのだ。きらびやかな衣裳、髪飾り、所有する座敷の家具や布団にチリ紙まで、すべて自前だったのである。さらにお付の新造《しんぞう》や禿《かむろ》といった若い娘の小遣い、客への贈り物代などがかかったのだ。

ただ吉原の遊女は花魁ばかりではない。むしろ下級遊女のほうが圧倒的に多く、客をふったり選んだりすることはせず、わずかな金銭で身をまかせた。一晩で複数の客をとる遊女もいた。花魁も重三郎の時代には、初会で床入りすることも珍しくなかったらしい。

ところで吉原の遊女たちはみな、共通の話し方をした。いわゆる「ありんす」言葉だ。これはお国なまりを隠すためだといわれる。彼女たちの多くは、子供のとき親に売られた地方農民の娘である。二十七歳になった正月、年季が明けて晴れて自由の身になれたが、その多くは性病や感染症でそれ以前に亡くなってしまい、そうした病死者は近くの浄閑寺《じょうかんじ》へ葬られた。同寺で弔われた遊女の数は、一説には一万五千、あるいは二万人にのぼると推定されている。一生、廓の中で生きていくのが定めだったのだ。

男にとっては憧れのパラダイスだったかもしれないが、遊女たちにとって新吉原はまさに苦界《くがい》だったのである。

外国人が見た江戸時代の遊廓

吉原遊廓の話をしたが、江戸時代の日本人にとって性の売買は日常生活に根付いていた。いまでは考えられないが、当時の外国人にはどう映っていたのだろうか。

江戸中期の安永四年（一七七五）、オランダ商館の医者として長崎の出島にやってきたC・P・ツュンベリーの記録を見てみよう。

「日本の大半の町の一角には、多かれ少なかれ遊女屋が置かれている。旅人その他の慰めとするためである。この点では長崎の町も例外ではなく、オランダ人や中国人にも歓楽の機会を与えている」（高橋文訳『江戸参府随行記』東洋文庫）

こうツュンベリーが述べるように、日本は西洋と比較して遊女の数が多く、幕府が公認した遊廓のほか、どこの町にも岡場所（私娼が集まった非公認の風俗街）があった。江戸では深川などが有名だが、最盛期には百カ所を超えていたとされる。大きな街道沿いの各宿場町でも旅籠（旅館）は飯炊女《めしたきおんな》という名称で、人数を限って売春行為が認められていた。長崎には外国人専門の遊女屋すらあった。

オランダ人が遊女と楽しみたいときは「毎日遊女の予約をとりに島にくる男に、その旨を告げる」（前掲書）。すると、「この男は、禿と呼ばれる若い女中を伴った遊女を夕暮れ前に連れてくる。禿は、遊女が言いつける飲食物を毎日、町から調達し、また料理をあたため、茶などを沸かし、まわりをきれいにし、そして使い走りをする」（前掲書）とある。

ツュンベリーの記録に登場する禿というのは、年齢一桁の少女である。見習いとして遊女たちに付き添い、さまざまな雑用をになった。たいてい親に売られてくる。幕府は人身売買を基本的に禁じていたが、年季奉公という形で娘を売る行為は認められていた。娘たちを買い集めて遊廓や岡場所に斡旋（売りとばす）する女衒《ぜげん》という仲介業者もおおっぴらに活動していた。

それは外国人にとっては驚くべきことだった。ツュンベリーも「両親が貧しくて何人もいる娘を養えない場合に、娘が四歳を過ぎるとこの種の家の主人に売る」（前掲書）と述べている。

いっぽう、「幼女期にこのような家に売られ、そこで一定の年月を勤めたあと完全な自由を取り戻した婦人が、はずかしめられるような目で見られることなく、後にごく普通の結婚をすること」（前掲書）を奇異に感じている。

年季明けや身請けされた遊女が差別されていないことを、西洋の売春婦と比較して驚いたようだ。

なお、幕末に来日したイギリス公使オールコックも、次のように述べている。

「父親が娘を売春させるために売ったり、賃貸ししたりして、しかも法律によって罪を課されないばかりか、法律の認可と仲介をえているし、そしてなんら隣人の非難もこうむらない」「親子の愛情が欠けていることはないようである。子供を愛する器官（もしそんな器官があるとすれば）はまったく大いに発達しているように思える」（山口光朔訳『大君の都　幕末日本滞在記　下』岩波文庫）

ただ、幕末に来日したフランスの海軍士官スエンソンは、次のように述べている。

「日本のゲーコは、ほかの国の娼婦とはちがい、自分が堕落しているという意識を持っていないのが長所である。日本人の概念からいえば、ゲーコの仕事はほかの人間と同じくパンを得るための一手段にすぎず、〔西洋の〕一部の著作家が主張するように、尊敬されるべき仕事ではないにしろ、日本人の道徳、いや不道徳観念からいって、少なくとも軽蔑すべき仕事ではない。子供を養えない貧しい家庭は、金銭を受け取るのと引きかえに子供たちを茶屋の主人に預けても別に恥じ入ったりするようなことはないし、家にいるより子供たちがいいものを食べられ、いいものを着られると確信している」「ゲーコの多くは、前もって定められた年数を茶屋で過ごしさえすれば契約が切れ、誰にも妨げられずに家に戻ることができて、まともな結婚さえ可能である」（長島要一訳『江戸幕末滞在記　若き海軍士官の見た日本』講談社学術文庫）きちんと日本の遊女文化を理解していた外国人がいたのは興味深い。

平賀源内に蔦屋版「吉原細見」の序文を依頼する

さて、話を吉原細見に戻そう。

吉原遊廓のガイドブックといえるのが吉原細見だったが、当時、この冊子を独占販売していたのが鱗形屋孫兵衛だったことはすでに述べた。

鱗形屋は、大伝馬町《おおでんまちょう》に店をもつ老舗の地本問屋である。初代の加兵衛が万治期（一六五八～一六六一）に江戸で遊女評判記を刊行しており、このあたりが開業時期だと考えられている。遊女評判記とは、吉原にいる主な遊女たちの容貌や性格、特技などの評判を記したもの。客が遊女を選ぶさいに参考にした書物である。その後、加兵衛は古浄瑠璃の正本《しょうほん》などを手がけ、さらに草双紙の出版も始めた。二代目・三左衛門の時代にいっそう商売を広げ、当代（三代目）の孫兵衛へと受け継がれていった。この間、鱗形屋は、仮名草子、浄瑠璃本、浮世絵などでヒット作を数多く生み出してきた。いまでいえば、大手出版社といってよいだろう。

重三郎は、そんな地本問屋のトップともいえる孫兵衛と、どのようにしてつながりをつくったのだろうか。

しかも、吉原細見の小売りといっても、重三郎は鱗形屋の本を仕入れてそのまま店頭に並べるのではなく、本の奥付に「おろし小売」、「蔦屋重三郎」と自分の名を刷り込んで宣伝している。

また、蔦屋版吉原細見『嗚呼《ああ》御江戸』(安永三年)の序文は、福内鬼外《ふくちきがい》が書いている。といってもわからないと思うが、この鬼外というのは、じつはかの有名な平賀源内《ひらがげんない》の筆名なのだ。有名なエレキテルの復元・興行は、それから二年後のことだが、すでに源内の名は、万能の天才として世の中に知れ渡っていた。物産会の主催や鉱山開発、洋画(西洋画)の指導を行い、さらには燃えない布である火浣布《かかんぷ》や寒暖計・歩数計・磁針器などを次々と発明し、世間をたびたび驚かせていた。

この平賀源内は、享保十三年(一七二八)に高松藩の足軽の家に生まれた。幼いころから非常に聡明《そうめい》であり、十二歳のとき、天神を描いた掛け軸に御神酒を供えると顔が赤くなる「おみき天神」と称するカラクリを発明し、天狗《てんぐ》小僧の異名をとっている。

父が没すると平賀家を継ぐが、どうしても学問で身を立てたいと思い立ち、二十七歳のとき妹・里与の婿養子に従弟の磯五郎を迎え、彼に平賀家を継がせて江戸へのぼった。そして、本草学者の田村藍水《たむららんすい》（元雄《げんゆう》）に師事したのである。神田に生まれた江戸っ子の藍水は、市井の町医者だったが、やがて本草学の世界へ進み、朝鮮人参の国産化や諸国の有用な物産調査などで業績をあげ、のちに幕府の医師となって二百石を給された人物だ。

本草学とは、薬用になる動植物や鉱物の形態や薬効、産地などを研究する学問である。

やがて源内は、師の藍水を主催者として宝暦七年（一七五七）に日本で初めての薬品会《やくひんかい》を開いた。いまでいえば、物産展示即売会である。これが大いに評判となり、源内は以後、自分が主催者となってたびたび薬品会を開くようになった。この噂が高松藩に届くと、宝暦九年、藩では源内を正式な藩士（四人扶持《ぶち》）として召し抱えたのである。

こうして武士となった三十二歳の源内だったが、高松藩にこき使われたり、藩士として束縛されるのがほとほと嫌になり、宝暦十一年に藩籍を抜けたい（武士をやめたい）と藩庁に申し入れたが、なかなか応じてもらえなかった。ようやく半年後に許可が出たが、離藩のさい「仕官御構《おかま》い」という条件を飲まされた。これは、旧主家（高松藩）による再就職の禁止措置であった。つまり、幕府や他藩に仕官する道が絶たれてしまうのだ。

けれど、この頃の源内は、「他家に仕官せずとも、自分は学者としてやっていける」という自信を持っており、その条件を受け入れて士籍を離脱したのである。三十四歳のときのことであった。

以後は本草学の研究に没頭できるようになったらしく、宝暦十三年、源内は中国の本草学の成果をもとに独自の視点を加えて『物類品隲《ぶつるいひんしつ》』全六巻を刊行している。

あふれる文才があった源内は、同時に俗文学である戯作にも手を染めるようになった。そして同年冬、『根南志具佐《ねなしぐさ》』と『風流志道軒伝《ふうりゅうしどうけんでん》』の二作を立て続けに発表したところ、これが良く売れた。とくに『根南志具佐』は三千部も売れたという。当時の平均の十倍近い売り上げといえる。歌舞伎役者の荻野八重桐《おぎのやえぎり》が大川（隅田川）で舟遊びをしていたさい、転落して水死した。この事件から発想を得て、地獄を舞台に滑稽さや風刺にあふれた内容だった。

これに味を占めたのか、さらに源内は滑稽本の『風流志道軒伝』、『源氏大草紙《げんじおおぞうし》』や『弓勢智勇湊《ゆんぜいちゆうのみなと》』といった浄瑠璃の脚本、果ては禁止されている好色本『長枕褥合戦《ながまくらしとねがっせん》』なども手がけるようになった。

興味深いのは、源内が重三郎から序文を頼まれた年に出版された「放屁論《ほうひろん》（『風来六部集』所収）である。

まさに名前のとおり、「屁《へ》」を題材にした論稿だ。そもそも、こんな話を書こうと思い立ったのは、両国広小路の見世物小屋で「昔語《むかしがたり》花咲男」を見物したからだった。

重三郎の時代、両国の大川（隅田川）沿いには見世物小屋が林立しており、安い値段で珍奇なものを見せるので、庶民に人気の娯楽だった。

この花咲男は、屁で自由に音を操れるという特殊能力の持ち主だった。別名を曲屁《きょくべ》男といい、楽器の音色、鶏など動物の鳴き声、音曲までオナラで演奏したというのだ。

普通の人間ができる芸当ではないので、江戸中の評判となり、源内もわざわざ見物に出向いたというわけだ。その芸を目の当たりにして興が乗ったのだろう、それからまもなく「放屁論」が書かれたのだ。せっかくなので、少しだけ内容を紹介しよう。

冒頭で源内は、

「まず、最初がめでたい三番叟（能でめでたいとされる音曲）屁。トッパヒョロヒョロピッピッピッと拍子よく鳴る。つぎが鶏と東天紅（暁に鳴く鶏の声）をブブブゥーブゥーと放《ひ》りわけ。そのあとが水車で、ブウ、ブウ、ブウとやりながら自分の体は車返り（手をつき、つづけざまに横に身をひるがえす）さながら車の水勢に迫り、汲んでは移す風情がある」と記している。にわかに信じがたい光景だ。

文末には「漢《から》（中国）では放屁といい、上方（関西）では屁を〝こく〟といい、関東では〝ひる〟といい、女中はすべておならという。その呼び方は異っても、鳴ると臭いのは同じことである」「音には上・中・下があり、『ブッ』というのが上品な音、『ブウ』が普通、『スー』とすかすのは下品だ」とある。

また源内は、「物事すべてには上下貴賤《きせん》の別があるが、世の中でもっとも下品なものは大小便である。けれど、そんな賤しいものであっても、肥やしとしては役にたつ。ところが屁というものは、こいた者がしばらく気持ちがいいだけで、全く無益無能。むしろ、その臭いは人を嫌がらせる。そんな屁をうまく利用した花咲男は大した者である」と褒め称えている。

屁理屈というか、何というか、ずいぶんと変わった視点の持ち主だったことがわかる。ただ、当時はこのように「滑稽」や「諧謔」、「荒唐無稽」、「しゃれ」、「風刺」が盛り込まれていることが、読者を大いに喜ばせたのである。

この論稿は、源内が四十七歳のときに脱稿したもの。

翌安永四年（一七七五）、この頃から源内は「金唐革紙《きんからかわかみ》」細工に力を入れるようになった。金唐革はヨーロッパから輸入される革製品で、なめし革に金箔や銀箔などを張り付け、さまざまな模様をプレス加工したものだ。煙草入れなどの素材として人気があった。

源内は、この舶来品を和紙でつくってしまおうと思い立ったのである。それが、金唐革紙だ。安価なこともあって、売れ行きが良く、やがて数人の職人を雇って大々的に製造するまでになった。

しかし、このような細工物を作ってお金を稼ぐことに関して源内本人は、露命をつなぐための「賤しき内職」（『風来六々部集』のうち「放屁論後編追加」）と述べている。源内の目指すところは本草学者として生計を立てること。多様な分野に手を染めて生活費を稼ぐのは、本意ではなかったようだ。

工夫を凝らした蔦屋版「吉原細見」がシェアを独占

駆け出しの若造である蔦屋重三郎が、平賀源内という売れっ子作家と、いったいどうやって知り合ったのだろうか。

実は、まったくわかっていないのだ。おそらく誰かのコネで直接面会したのだと思うが、少なくとも吉原の有力者の手引きではなさそうだ。源内の恋愛対象は男性だったことから、彼は吉原に行かなかったといわれているからだ。ただ、実際に吉原細見『嗚呼御江戸』に源内が序文を寄せているわけだから、重三郎が源内のような有名な売れっ子に仕事を承諾させてしまう天賦の才を備えていたことがわかる。つまりは、「人たらし」なのだろう。『嗚呼御江戸』を店頭に並べた安永三年（一七七四）、早くも蔦屋重三郎は、版元として書物の出版を手がけるようになった。

記念すべき最初の刊行物は『一目千本《ひとめせんぼん》　華すまひ』である。

書名は、一目で千本の花を見渡せるという意味だ。同書は、絵師（画工）として著名な北尾重政《きたおしげまさ》を用い、菊やききょう、ぼたんや水仙など、趣向をこらした生け花の絵が満載の本だ。が、それぞれの花には、すべて吉原に実在する花魁の名がついている。つまり、上級遊女を花に見立てて紹介するという趣向にしたのだ。

まさに、吉原育ちの重三郎らしい本だが、面白いのは当初、この本を店頭では販売しなかったようなのだ。吉原の妓楼で遊ぶ客用の贈答品だといわれている。妓楼は、娼家や傾城屋とも呼ばれる遊女たちを抱える店（屋敷）のこと。上級の客は引手茶屋を通して登楼して来るが、妓楼の張見世で遊女を見染めて指名し、そのまま入店することも多い。

いずれにせよ、この本を手にできるのは、贅沢《ぜいたく》な妓楼で遊べる一流の粋人に限られたらしく、だからこそ、みんなが欲しくなるという仕掛けが施してあるのだ。

そうした巧みな手法によって需要を喚起したのち、重三郎は『一目千本』を一般向けに販売したのである。いまでいえば、高額商品を買った客だけの特別な景品、あるいは限定販売などで話題を集めておいて、タイミングを見て一般販売に切り替えるという戦略といえようか。この記念すべき一冊は、吉原に関する書物だったが、重三郎は以後生涯にわたって遊廓にかかわる本や絵を刊行し続けた。それは吉原を題材にすれば儲《もう》かるからではなく、彼自身が己を吉原の宣伝マンと規定し、その維持・発展のために版元業を営んでいたからだと思う。それについては後に詳しく語るつもりだ。

とはいえ、この頃はまだ、重三郎の主たる商いは貸本業だったと思われる。一説には、こうした貸本業によって吉原の各所に出入りし、販路を広げるとともに、細かい廓内の情報を集め、出版業の拡大をはかろうとしていたのではないかといわれている。

翌安永四年七月、なんと重三郎は、鱗形屋が独占販売していたはずの吉原細見（『籬《まがき》の花』）を版元として刊行したのである。

若き重三郎が寡占状態に風穴を開けるべく、不敵なチャレンジをしたのかといえば、どうやらそうではなさそうだ。

その二カ月前、鱗形屋は不祥事を起こし、吉原細見の刊行が困難になったようなのだ。大坂の版元が出版した『早引節用集《せつようしゅう》』を、手代の徳兵衛がそのまま『新増節用集』と改題して勝手に刊行してしまったのである。いまでは完全な違法行為だが、さすがに当時も重板《じゅうはん》と言って、許されるものではなかった。

このため、怒った大坂の版元が奉行所に告訴し、裁判で敗訴したのである。判決はかなり厳しく、当事者の手代・徳兵衛は家財闕所《けっしょ》（没収）のうえ、江戸十里四方追放となり、主人の孫兵衛も罰金刑に処せられてしまった。

このため、秋に刊行予定だった吉原細見の発行メドが立たなくなったらしい。吉原細見は前に述べたように遊廓の情報案内誌であり、遊女屋（屋号と店主名）と所属する遊女、遊ぶのにかかる金銭（揚げ代）などが明記してある。だから初心者や地方から遊びに来る客にとって、遊びの手引き書である吉原細見は必需品だった。ちなみに細見は、そのへんの本屋で買えるわけではなく、遊廓内で細見売りが売り歩くものだった。記念のために吉原に来る観光客が買うことも多かった。いずれにせよ、吉原遊びにはなくてはならないガイドブックであり、それが刊行されないことは一大事だったのだ。

先述のとおり、もともと重三郎は、鱗形屋の刊行物を小売りさせてもらっていた。そうした縁から、鱗形屋の許諾を得て、あるいは、むしろ先方からの依頼を受けて、吉原細見を代理で刊行したのではなかろうかといわれている。

なお、鱗形屋の吉原細見は、一ページに一軒の遊女屋を紹介する体裁をとっていた。対して蔦屋版の吉原細見は、道の通りを挟んで二軒の店を載せているのが特色だった。しかも、判型（本のサイズ）を鱗形屋版より大きくしたので、とても見やすいうえ、表記もわかりやすかった。そのうえ、ページ数がこれまでの約半分と少ないので、値段もお手頃だった。

このように、鱗形屋の依頼だったとしても、内容や判型をそのまま引き継ぐのではなく、読者の利便を考え、製本に工夫を凝らしたところに、重三郎の版元としての将来性を見てとれよう。

やがて蔦屋版吉原細見の序文は、有名な戯作者・朋誠堂《ほうせいどう》喜三二《きさんじ》や狂歌師（狂歌三大人）で戯作者の四方赤良《よものあから》（大田《おおた》南畝《なんぽ》〈蜀山人《しょくさんじん》〉）、朱楽《あけら》菅江《かんこう》が書いたこともあり、かなり好調な売れ行きを見せたと思われる。

というのは、安永五年になると、鱗形屋版の吉原細見も復活したが、結局、蔦屋版がそののままシェアを伸ばしていき、天明二年（一七八二）に重三郎は「細見板元の株を掌握する。そして、細見の題を『吉原細見』と総称し、序文に戯作者を起用する変革を行なったのである」（山城由紀子著『「吉原細見」の研究―元禄から寛政期まで』『駒澤史学』24号所収）。このため翌天明三年には、とうとう鱗形屋はこのジャンルから手を引くことになり、重三郎の独占状態となったのである。そんな記念すべき天明三年春に刊行された蔦屋版吉原細見の題名は『五葉松《ごようのまつ》』。もちろん序文はいつものように著名な戯作者・朋誠堂喜三二、跋文は狂歌の第一人者・四方赤良（大田南畝）が記している。喜三二は「細見の版元（耕書堂）を寿侍る（祝う）」、赤良も「五葉の松と題せしは、松にからまる蔦屋の板（出版）」と重三郎が唯一の吉原細見の版元になったことを讃える文章を書いている。さらに、赤良と並び立つ朱楽菅江が「五葉なら　いつてもおめしなさいけん　かはらぬちよの　まつのはんもと」という祝いの狂歌を詠んだ。わかりづらいが、これは掛詞《かけことば》になっているのだ。「五葉（御用）なら　いつでもお召しな細見　変わらぬ千代の　松の版元」と書くとわかりやすいかもしれない。「必要なら何時でも吉原細見をお求めください。版元の耕書堂（蔦屋）はずっとお待ちしております」といった意味だろう。しかも千代とか松とか、めでたい語句をちりばめている。

伊藤達氏は「当代の戯作界・狂歌界の重鎮が本細見の寿詞を連ねていることは蔦屋の面目躍如というべきであろう」（江戸吉原叢刊刊行会編『江戸吉原叢刊　第7巻』八木書店　所収）と評している。

　重三郎の発行する本は、最初の三年間ほどは吉原細見や遊女評判記が圧倒的に多く、生まれ育った強みを活かして遊廓を飯の種にしていた。とくに吉原細見のような定期刊行物（春秋二回刊行）は、収入が定期的に入ってくる手堅いジャンルであった。

だが、特定の分野だけに頼っていては、それがダメになったとき、経営が傾いてしまう。そこで安永六年の『夫婦酒替奴中仲《みょうとざけかわらぬなかなか》』（中村重助《なかむらじゅうすけ》著）を皮切りに富本節《とみもとぶし》の本を次々と刊行していったのである。この時期、人形浄瑠璃の三味線音楽である富本節が大流行していた。二代目富本豊前《ぶぜん》太夫《だゆう》の美声が話題となったのがきっかけだった。武士の間にも広まり、富本節のうまい町人の娘などは、容易に武家に奉公できたといわれたほどだ。

　ブームに着目した重三郎は、富本節の正本（浄瑠璃の台本）や稽古本を次々と出版していった。

　というのは、浄瑠璃は歌舞伎同様、次々と新作がつくられる世界だったので、新作を追加して改訂という形で定期的に富本節の本を出版できる仕組みになっていたのだ。まさに定期雑誌のような刊行物なのである。

さらに安永九年からは『大栄商売往来《だいえいしょうばいおうらい》』、『新撰耕作往来千秋楽』といった往来物《おうらいもの》の刊行を開始する。

往来物とは、主に寺子屋などで手習いに使う教科書のこと。平安時代末の『明衡往来《めいこうおうらい》』が最古だといわれ、手紙の往復形式になっている。室町時代に成立した『庭訓往来《ていきんおうらい》』は、二十五通の往復書簡からなり、一般常識が学べるようになっていて、江戸時代にも用いられた代表的な往来物だ。先述のとおり、庶民の教育熱が高まっていた時期なので、定期的に往来物を出版すれば安定的な収入が入ってくるというわけだ。実際、江戸時代に刊行された往来物は七千種におよんだと考えられている。

また重三郎は、本替えという仕組みも利用した。自分の出版物と他社のものを交換し、他社の製品を店頭に並べるという手法だ。本の種類が多ければ、客も店に多くやって来るだろう。

ともあれ、吉原細見・富本正本・往来物の三つを手堅く稼ぐ安定収入の柱とし、店頭に多くの本を並べて客を集めたうえで、いよいよ重三郎は意欲的な洒落本や黄表紙にチャレンジしていくことになる。

安永七年、重三郎は次郎兵衛の店の四軒隣に新たに店を構えた。そして翌八年から売れっ子の黄表紙作家・朋誠堂喜三二の著作『廓花扇之観世水《くるわのはなおうぎのかんぜみず》』『鐘入七人化粧《かねいりしちにんけしょう》』『龍都四国噂《たつのみやこしこくのうわさ》』を次々に出版したのである。

安永六年に重三郎が刊行した華道書『手毎《てごと》の清水』に喜三二が序文と跋文を書いているので、二人は以前から面識はあったようだ。

この朋誠堂喜三二は、もちろん筆名である。本名は平沢常富《ひらさわつねまさ》（平格《へいかく》）。武士であった。しかも下級武士ではなく、大藩の佐竹《さたけ》家（秋田二十万石）の江戸留守居役をつとめる重臣だった。

留守居役というのは、いわゆる各藩における江戸の外交官である。幕府や諸藩と巧みに交際し、さまざまな情報を収集、あるいは発信し、自藩に利益をもたらす大切な仕事だ。だから、能吏しか任じられない。

もともと喜三二は、江戸の武士・西村平六久義《にしむらへいろくひさよし》（旗本の佐藤三四郎の家臣）の三男に生まれ、十四歳のとき平沢家の養子となり、家督を継いだあと役人として能力を発揮していった。四十代に入った安永七年に留守居助役に登用され、さらに天明三年（一七八三）に留守居役（本役）に昇った。

家禄は百二十石も与えられており、生活には余裕があった。つまり、創作活動はあくまで趣味として始めたものだった。すでに三十歳前後から活発に文芸活動をおこなっており、狂歌も俳句も得意だったが、曲亭馬琴がその著で「安永の初《はじめ》の比《ころ》より、初《はじめ》てくさざうしに滑稽を尽して大《おおい》に行《おこな》はる」（『近世物之本江戸作者部類』）と述べているように、草双紙を書いて人気が出たという。安永二年に洒落本『当世風俗通《とうせいふうぞくつう》』を金錦佐恵流《きんきんさえる》というペンネームで書いた本が戯作者としてのデビュー作だったようだ。その内容は、遊里で遊ぶさいの指南書であり、当時流行した髪型や服装など、もてる男になるためのファッションなどが満載されている。

この本の挿絵は、二年後に『金々先生栄華夢《きんきんせんせいえいがのゆめ》』を書いて黄表紙というジャンルを創設し、人気戯作者となる恋川春町だと考えられている。

ちなみに朋誠堂喜三二は、平賀源内を師として戯作を学んだといわれている。秋田藩が山師として源内を招聘《しょうへい》しているので、そのつながりで源内と面識ができたのだろう。だから当初の喜三二の作品には源内の影響が見られるそうだ。重三郎とは、そんな源内を通じて面識を得た可能性もあるが、遊里に頻繁に出入りしていたので吉原で知り合ったのかもしれない。

当時、藩の外交官たち留守居役は、頻繁に吉原の引手茶屋などで酒宴を開いては情報交換をおこなっていたのだ。

平賀源内は殺人を犯し、牢内で死去

安永八年（一七七九）十二月、重三郎が版元のスタートを切るのに世話になった平賀源内が死んだ。病死ではなく、牢死であった。人を殺《あや》めて牢獄に入り、獄中で息絶えたのである。

源内は重三郎の吉原細見『嗚呼御江戸』に序文を書いてから二年後、エレキテルの実験で世間の話題をさらっている。

エレキテルは、摩擦起電機ともいい、静電気を利用し、四角い箱から突き出た金属の二本のヒゲの間に放電を起こして人の病を治すとされたヨーロッパ製の医療器具のこと。

源内は壊れたエレキテルを長崎で譲り受け、職人の弥七《やしち》に細工をさせて七年もの歳月を費やし、安永五年にようやく復元に成功したのである。

そして、このオリジナル品をもとにいくつかエレキテルの複製品をつくり、それらを見世物にして金を稼ぎはじめた。エレキテルから電気や火花が出るとのことで評判となり、

ついに大名家までもが源内に実演を所望するまでになった。

ところが間もなく、別人がエレキテルを模造し、実験をマネするようになった。しかも、模造品をつくるのに手を貸していたのは、あろうことか、職人の弥七だったのである。

それだけではない。弥七は「源内がエレキテルをつくるのに資金が必要だ」とウソをついて、人びとから金を集めていたのだ。

これに激怒した源内は、すぐに弥七を町奉行所に訴えた。が、それからわずか一年後、源内は殺人を犯してしまう。

秋田屋（米屋）の息子・久五郎（異説あり）は、武家屋敷の工事を請け負うことになったが、たまたま請負額を知った源内が「俺ならずっと安くできる」と豪語し、半額以下の見積もり仕様書をつくった。

噂を耳にした久五郎は、真偽を確かめるために源内宅を訪れ、仕様書を見せてもらった。すると、非の打ち所のない内容だった。感心した久五郎は、共同で武家屋敷の工事にあたろうと提案。喜んだ源内は酒を出し、久五郎と自宅で酒宴をはじめた。宴会は夜遅くまで続き、疲れ果てて二人ともその場で寝てしまった。

朝方、先に目を覚ました源内だが、手元にあったはずの仕様書や図面が見あたらないではないか。「さては、久五郎が盗んだにちがいない」、そう思いこんで横に寝ていた久五郎をたたき起こし、問いつめたのである。

いきなり起こされて言いがかりをつけられたので、久五郎もご機嫌斜めだ。だから源内に向かって「本当に盗んだとしても、誰がお前なんかに言うものか」と吐き捨てた。

この返答を聞いて頭に血が上った源内は、いきなり刀の鞘《さや》を払うと、久五郎の脳天めがけて白刃を振り下ろしたのだ。

頭をかち割られて仰天した久五郎は、そのまま表に飛び出し逃げていった。

とどめを刺そうといったん外に出た源内だったが、「どうせあいつはまもなく息絶えるだろう。そうなれば、俺も死罪を免れぬ」と思い直し、自刃を決意して室内に戻った。

事実、まもなく久五郎は死去した。

かくして切腹前に屋内を整理していたところ、なんと、例の図面や仕様書が出てきたのである。つまり源内は、被害妄想から久五郎に濡れ衣を着せて殺してしまったわけだ。

ますます後悔した源内は短刀を抜いて腹を割こうとしたが、このとき知人の丈右衛門が止めに入ったので、自殺できずに入牢《じゅろう》することになった。それにしても、あまりに感情にまかせた衝動的な行動だ。一説には、精神を病んでいたのではないかといわれている。

源内の出身藩（高松藩）で後に家老となった木村黙老《きむらもくろう》は、その随筆『聞くままの記』で、晩年における源内の異常な言動に触れている。

同書には、源内は引っ越し好きで生涯に十数回転居したが、盲人（神山検校《かみやまけんぎょう》）の旧宅に移って半年後に精神的に不安定になって殺人に及んだと記されている。

この神山検校は、あくどい金貸しで悪事を働いて野垂れ死んだ。死後は毎夜、自分の屋敷に幽霊となって現れ「ここにあったのに、見当たらない。見当たらない」と新住人に金のありかを尋ねるとのもっぱらの噂だった。

だから検校の旧宅は人が住まなくなり、空き家になってからも久しく売れなかったので、売り値が安くなった。それを知った源内は、人が諫《いさ》めるのを聞かず、家を買ったのである。

一説によれば、神山検校の旧宅に移った頃のこと、弟子の森島中良《もりしまちゅうりょう》が共同で脚本を書いた人形浄瑠璃『白井権八幡随長兵衛驪山比翼塚《しらいごんぱちばんずいちょうべえめぐろひよくづか》』が大当たりした。普通なら師匠として弟子の成功を褒めてやるべきなのに、源内は自分の作品が不人気だったことに腹を立て、なんと中良のもとに押しかけ、罵詈雑言《ばりぞうごん》を浴びせたという。中良は幕府の奥医師・桂川《かつらがわ》家に生まれたボンボンで、兄の甫周《ほしゅう》は『解体新書』の翻訳にも参加した有名な蘭学者で、漂流してロシアから戻ってきた大黒屋光太夫《だいこくやこうだゆう》の聞き取り調査をおこない『北槎聞略《ほくさぶんりゃく》』としてまとめ、将軍家斉に献上した人物だ。

幽霊のせいか、中良を叱りつけた十日後の安永八年（一七七九）十一月二十一日、とうとう源内は殺人を犯してしまったのである。

入牢した源内は、翌月の十二月十八日、喧嘩のさいについた傷口からばい菌が入った（破傷風か）とされ、体調を崩して獄中で死んでしまった。一説には、殺人を犯したことを悔いて絶食して死んだともいう。享年五十一歳であった。

遺骸は、妹の夫で従弟にあたる平賀権太夫らが引き取り、浅草の総泉寺《そうせんじ》に埋葬された。その後、総泉寺は他所へ移ったが、源内の墓石は同地にあり、昭和三（一九二八）年に墓石の下から源内の遺骨を納めたと思われる骨壺も発見されている。

ちなみに蔦屋版吉原細見の序文は、源内の後を引き継ぎ、喜三二が書くようになった。

源内は蔦重・歌麿・京伝たちの原点

解体新書を翻訳した杉田玄白は、源内の親しい友人だったので、平賀源内のために私財を投じて墓碑を建てた。

その銘には、「ああ非常の人。非常のことを好み、これ非常を行う。何ぞ非常の死なる」と刻まれたというが、この文言が見事に源内の生涯を言い当てている。

また、曲亭馬琴は源内の文才について、次のように述べている。

文化年間に入っても『根南志具佐』のように三千部も「売れたる物（本）は有がたし。当時は国字稗説《はいせつ》（読本）のいまだ流行せざりしかば、この作者（源内は）、又浄瑠璃の新作をもて一時に都下（江戸市中）を噪したり（話題となったことであろう）。倘（もし）文化（文化年間）まで死なずもあらば、必ずよみ本（読本）にも新奇（斬新な内容の作品）を出《いだ》して、楮《カミ》の値（紙の値段）を貴《たか》くすべし（高くなるほど本が売れたことだろう）。誠に戯作の巨擘《きょはく》（トップ）なれども、勧懲（勧善懲悪）を旨として窃《ひそか》に蒙昧《もうまい》を醒す（道理に暗い人びとを啓発する）に足る親切の作編（作品）あるを見ず。只その奇才は称すべし（讃えるべきだが）、その徳は聞事なし（源内に人徳があったとは聞いたことがない）」（徳田武校注『近世物之本江戸作者部類』※（　）内は筆者の補足）

このように馬琴は、源内の作品が大ブレークしたことについて、「もし彼がその後も生きていたら、新機軸の読本を発表して大ヒットを飛ばしたはずだ」と、その奇才を高く評価している。

しかしそのいっぽうで、「源内の作品には勧善懲悪など人びとを教え導くものはないし、才能はあるが人徳はなかった」とこき下ろしている。

ただ、源内が死んだ年、まだ馬琴は十三歳の少年に過ぎない。馬琴の得意とする勧善懲悪や因果応報を主題とする「読本」が喜ばれたのは、幕府が寛政の改革で出版統制令を出した後のことだ。

田沼時代はまだ、当局のお咎めなど気にすることなく、もっと自由に文章を書き、それを出版することができた。時の政権を皮肉ったりおちょくったり、あるいは荒唐無稽な馬鹿馬鹿しい内容を盛り込んでも処罰されなかった。そんなおおらかな時代だったからこそ、奇抜な視点を持つ平賀源内の作品が世の中に大いに受け入れられたというわけだ。そういった意味では、馬琴の源内評をそのまま受け入れることはできない。

もし源内が長生きしたら、蔦屋重三郎とタッグを組んで人々を大いに楽しませる戯作を次々と発表していったことだろう。その早すぎる死は、文学界にとっても大きな痛手といえよう。

ところで、じつは平賀源内は獄中で死んでいなかったという奇妙な説があることをご存じだろうか。

当時の権力者・老中の田沼意次が源内の才を惜しみ、死んだことにして密かに源内を牢獄から出し、意次の領地である遠江国相良《さがら》にかくまったというのだ。そして源内は、相良の地で医者として八十歳近くまで生きたとされる。

そのほか、意次に赦免された後に蝦夷地へ渡ったとか、新潟へ行ったなど、生存伝説がいくつもあるのだ。つまらない人殺しで獄中死してしまった源内の才を惜しむあまり、庶民がつくった伝説なのかもしれない。

ただし、源内が田沼意次と面識があったのは事実である。

藤田覚氏の説（『田沼意次―御不審を蒙ること、身に覚えなし―』）では、「師の田村藍水と始めた物産会で二人が直接に出会ったのではないか、本草・物産学者として認められ始めた源内の噂を意次が知ったのではないか、あるいは二人を仲介する人物がいたのではないか」という説を紹介し、「意次と源内を仲介した人物として、甘諸《かんしょ》先生と称された青木昆《あおきこん》陽《よう》や幕府医師桂川甫三《かつらがわほさん》」（前掲書）や意次の愛妾「『神田橋《かんだばし》お部屋様』の仮親となった幕府奥医師千賀道隆《せんがどうりゅう》」（前掲書）などをあげている。

どうやら意次のほうから本草学者・平賀源内に接近したようで、意次は源内のパトロンとなったらしい。それは、源内が幕府に利益をもたらす人物だと考えられたからだと思われる。

意次は、朝鮮人参や白砂糖の国産化など殖産興業政策に力を入れていたが、その一つが鉱山開発であった。「幕府にとってとくに重要だったのは、オランダ・中国向けの重要な輸出品である銅の確保」（前掲書）であり、「銀貨を鋳造するための素材となる銀の不足に悩んでいた」（前掲書）。そうしたなか平賀源内は、秩父の金山や鉄山、秋田藩の銀山や銅山の開発や指導、支援を積極的におこなうようになった。

源内が秩父の中津川鉄山に関係するようになったのは安永二年頃からだったが、藤田覚氏によると、その前年に意次が老中の座に就いており、「意次が老中として幕府政治に直接に関わるようになったことと源内の活動には、関連があるのではないか。銀貨鋳造のための銀の確保、そのための銅の増産、さらに銀貨を鋳造する材料としての鉄の増産、という政策的な要請は、そのための新たな技術と知識の持ち主を求めただろう。源内が『大山師』になった背景には、老中となった意次の直接的、間接的な要請があったと考えたい」（前掲書）と論じている。

このように平賀源内は、田沼意次にとって重要な山師だったのである。

また、文学の世界においても、源内は大きな影響力を与えたと、研究者の田中優子氏は、以下のように述べている。

「平賀源内という人は、江戸時代の文化を、ある方向に引っぱっていっちゃった人だと思います。その象徴的な行為として」「源内が紙で遊んだということ」を田中氏はあげる。「そして、それは江戸文化の大きな転換点だったのですが、この動きは源内の後に来る人々に受けつがれて行きます。

たとえば大田南畝（蜀山人）。彼は源内と二十歳の年の差がありますが、この人の中では、今述べてきたような遊びのスタイルが、もっとあっけらかんとしたかたちで出てくる。そして、南畝が展開した狂歌というジャンルは、後に蔦屋重三郎につながって行く。蔦屋は狂歌連とつきあう中から狂歌本や吉原細見を出版し、さらに歌麿や北斎と知りあって、あのマルチメディアの出版人になって行く。そして、南畝や蔦屋の人間観――これは自意識のほとんどない自意識みたいなものですが――を極限化した人間が山東京伝だと私は思うんです。山東京伝は、今で言えばゲーム・ソフトやコンピューター・アートを作る人。時代のメディアの現実的な可能性を見極め、『自己表現』をするのではなく、『自己』と『表現』の間にいくつもの変換式を置いて、自己を外に向かって多方向に乱射してしまうわけです。そういった人たちのスタートに源内がいるんです」（平野威馬雄著『平賀源内の生涯』ちくま文庫　解説）

このように平賀源内が蔦屋重三郎、四方赤良（大田南畝）、喜多川歌麿、葛飾《かつしか》北斎、そして山東京伝といった後進たちの原点だったというのである。

Ⅱ

田沼失脚と寛政の改革、そして蔦重の反骨

狂歌の大ブームと吉原外交で作家・絵師の人脈広げる

重三郎の活躍した田沼意次の絶頂期は、身分を超えて文芸にたずさわる武士や町人、老若が交じり合う文化サロンがあった。サロンには、少数ながら女性も参加している。

たとえば天明四年（一七八四）、「不忍池に近い寺院で手拭合の会が開催された。これは手拭の図案を披露し合う遊び」（佐藤至子著『山東京伝―滑稽洒落第一の作者―』ミネルヴァ書房）の会であり、「出品された図案は京伝が写し取り、詞書を添えて『たなぐひあはせ』という本にまとめられた」（前掲書）が、その会には松江《まつえ》藩主松平治郷《まつだいらはるちか》の弟衍親《のぶちか》、姫路《ひめじ》藩主酒《さか》井《い》忠以《ただざね》、そしてその弟・忠因《ただなお》（後の酒井抱一《ほういつ》）などが参加したといわれ、さらに「戯作者のほか遊女・狂言作家・歌舞伎役者・力士・芸者などの名前も見える」（前掲書）という。

このように身分を超越して老若男女が知的遊びを楽しむ場が存在したのである。

上下関係が厳しい封建社会というのはあくまで建前であって、当時は文才や画才、知識の豊富さなど、実力がものをいう不思議な空間があったのだ。

蔦屋重三郎が版元として一代で成り上がることができたのは、こうした人びとと親密かつ広範な信頼関係を構築し、喜んで執筆や作画を引き受けさせたからに他ならない。

ひとえに広い人脈づくりが、事業の成功につながったのである。

重三郎にとって格好の人脈づくりの場が、前述の狂歌の連だった。

連というのは、簡単にいうと愛好家たちの集まりのこと。もともと江戸では俳諧連が盛んであったが、この時期、狂歌の流行によって、江戸の各地に狂歌連が誕生していった。

狂歌とは、滑稽や諧謔を盛り込んだ和歌をいう。もともと万葉集の時代から卑俗な戯れごとを詠んだ和歌は存在したのだが、そうした系統はその後も連綿と受け継がれ、江戸時代になるとまずは京都で、さらに浪花《なにわ》狂歌が大坂で流行していった。

そんなブームが江戸に入り込んでくるのは、明和年間（一七六四～一七七二）のことであった。明和六年（一七六九）に幕臣の唐衣橘洲《からごろもきっしゅう》が主催となって自宅で数人と狂歌会を催したのが、江戸狂歌のはじまりだといわれる。当初は一部の武士や町人の間でおこなわれてきたが、天明年間になると、爆発的な流行をもたらした。いわゆる天明狂歌の時代が始まったのだ。

そんな狂歌界をリードしていったのが、唐衣橘洲に四方赤良（大田南畝）と朱楽菅江を加えた狂歌三大人、さらには平秩東作《へづつとうさく》、元木網《もとのもくあみ》、智恵内子《ちえのないし》（木網の妻）といった狂歌師たちであった。三大人はいずれも武家出身であり、当初はこうした武士たちが中心になって江戸の天明狂歌を牽引していった。安永年間（一七七二～一七八一）からは、町人出身の狂歌四天王（宿屋飯盛《やどやのめしもり》、鹿都部真顔《しかつべのまがお》、頭光《つむりのひかる》、馬場金埒《ばばきんらち》）が第二世代として江戸狂歌を盛り上げていく。

こうした状況のなかで、狂歌人口も爆発的に増加していった。つまり、重三郎ら版元にとっても、狂歌関連の本は良い収入になるというわけだ。

ちょうど狂歌に大ブームが訪れる直前の天明元年（一七八一）、重三郎は、狂歌の第一人者である四方赤良（大田南畝）と初めて会っている。

赤良は同年、黄表紙の評判記（ランキング・批評本）『菊寿草《きくじゅそう》』を出版した。この本は、当時の役者評判記を模して「立役之部」「実悪之部《じつあくのぶ》」「敵役之部」などと章立てし、天明元年正月に刊行された黄表紙四十七冊を「極上上吉」「大上上吉」「上上吉」「上上士」「上上」「上」とランク付けし、それぞれに短い講評を加えた作品だった。

この『菊寿草』のなかで、耕書堂から出版した朋誠堂喜三二著『見徳一炊夢《みるがとくいっすいのゆめ》』が、冒頭の「立役之部」で「極上上吉」の評価を得たのである。さらに蔦屋版の喜三二著『一粒万金談《いちりゅうまんきんだん》』と『漉返柳黒髪《すきかえすやなぎのくろかみ》』も、「道外形之部《どうけがたのぶ》」と「若女形之部《わかおやまのぶ》」でそれぞれ「極上上吉」の栄誉を与えられた。

また、『菊寿草』には、戯作者や絵師、版元のランキングも掲載されていた。

重三郎はこの年、七冊もの黄表紙を発行しているが、戯作者の朋誠堂喜三二のほか、耕書堂が刊行した黄表紙に挿絵を描いた北尾重政、北尾政演《まさのぶ》（山東京伝）が『菊寿草』の絵師部門に入選、さらには黄表紙の版元部門に、鶴屋などの老舗と並んで耕書堂（蔦屋）がランクインしたのである。

赤良は、狂歌の第一人者であるだけではない。自分でも洒落本や黄表紙など多くの戯作を手がけていた。そんな文芸の大家から最大の評価と賛辞をもらったわけだから、重三郎にとっては、たいへん名誉なことであった。

そこで喜んだ重三郎は、わざわざ自ら赤良のもとを訪れて面会を申し入れ、直接、丁重にお礼を言ったのである。

「このときが、蔦屋重三郎との初対面だった」と赤良は後年回想しているが、あの重三郎のことだ、単に感謝の念を伝えに行ったわけではあるまい。これをきっかけに赤良と親しくなり、あわよくば、彼の狂歌本を耕書堂から出版しようと考えたに違いない。いや、「必ず赤良の著書を出してヒット作品をつくるのだ」という強い決意のもと、足を運んだはずである。

蔦重の〝人たらし〟は天賦の才

重三郎は、狂歌のさらなる大ブームを見越しており、ぜひとも狂歌本を儲けの柱にしたいと考えていたことだろう。そのためには、狂歌の第一人者を手中に収めるのが一番の早道だ。

繰り返すが、重三郎は人たらしである。一度顔見知りになってしまえば、すぐに相手に信用され、親密になれる、天賦の才を持っていた。

事実、初対面からまもなくして重三郎と赤良は、急速に親しくなっていく。それは、四方赤良（大田南畝）の日記を見るとよくわかる。

知り合った翌年（天明二年）の三月九日、赤良は土山宗次郎《つちやまそうじろう》（幕府の旗本）、朱楽菅江、平秩東作と連れだって吉原遊廓に行き、「引手茶屋尾張屋《おわりや》で桜を観ながら宴を張った後、京町の大文字屋に登楼、それぞれ遊女を呼んで遊んだ翌朝早く、赤良と菅江は蔦重のもとを訪れ、そこでまた宴を張る。午後になって、蔦重が呼んだ駕籠に乗って帰宅」（鈴木俊幸著『新版　蔦屋重三郎』平凡社ライブラリー）しているからだ。

このように、重三郎の屋敷で酒や料理を御馳走になるほど、赤良は重三郎と親しい関係になっているのだ。

さらに同年十一月には、赤良の長男の「髪置祝儀」（三歳の七五三）がおこなわれたが、そのさい「蔦重は宴席に連なり、ちゃっかりと『通詩選笑知《つうしせんしょうち》』の編を赤良に依頼している」（前掲書）のだ。

これに関して鈴木俊幸氏は、「赤良とその周囲の人間を取り込んでの蔦屋の商売が、彼らとの交遊を基盤として行われはじめている」（前掲書）と語るように、知り合ってからわずか一年で、赤良との出会いを好機として、彼の仲間の狂歌師たちも丸ごと自分の人脈に引き入れ、耕書堂の仕事をしてもらえる関係になったのである。

同年十二月にも、赤良は恋川春町や菅江と一緒に重三郎のもとを訪れ、そのまま吉原の大文字屋へ繰り出しており、その場には北尾重政、北尾政演《まさのぶ》、唐来参和《とうらいさんな》など錚々《そうそう》たる戯作者や狂歌師もいたという。これ以後も、重三郎は多くの戯作者や絵師たちと吉原遊廓で宴席を開いた。おそらく費用の大半、あるいはすべてを重三郎が負担したものと思われる。

松木寛氏は、「優秀な戯作者や狂歌師、浮世絵師らとの提携こそ、出版業の発展の不可欠の条件であることを、重三郎はそれまでの十年間に及ぶ版元の経験を通して、十二分に呑み込んで」おり、しかもその考えは「重三郎の一生を貫く、彼の基本方針」（『蔦屋重三郎――江戸芸術の演出者――』）となっていたと述べる。そして、戯作者や狂歌師、絵師を自分に惹《ひ》き付けておく方法として「一番効果的だったのは、（略）吉原を利用した外交作戦ではなかったろうか。吉原はそれ自体が大きな規模のサロン的機能を含んでおり、そこには日々、多くの江戸の知名人士が出入りしていた。吉原に生まれ、吉原で育ち、そして吉原細見の版元でもある重三郎が、この特殊世界の事情に明るくないはずはない。この利点を彼が最大限に活用したと考えても、誤りはないだろう」（前掲書）と論じている。

男にとって吉原遊廓は性欲と食欲のみならず、名誉欲を満たし、自尊心をくすぐるこの世の極楽である。だからどんな人間であっても、一度吉原で最上級の遊びを経験したら、クセになり、再び足を向けたくなるはず。悪く言えば重三郎は、そんな危ない誘惑の世界に作家や絵師たちを引きずり込み、結果的に意のままに動かしたのである。しかもそれは、後に詳述するように吉原の維持発展のためであった。吉原の虜にさせた有名作家や絵師たちに吉原の魅力をその作品に表現させようとしたのだと思う。

ともあれ安永年間末から天明年間初めにかけて、吉原外交によって蔦屋重三郎は売れっ子の作家や絵師と強力なコネクションをつくり、その弟子たちも引き込んで膨大な蔦重人脈を構築していった。

では、重三郎は築き上げた人脈を使って、具体的にどのように本業の利益につなげていったのだろうか。

狂歌本に関して、その手法を見ていこう。

先述のとおり、狂歌がブームになると、各地に狂歌の連という団体が生まれていった。連は狂歌師を中心に狂歌の愛好家が集まって歌会を開く活動が主だった。

連の構成メンバーだが、主に知識人の下級武士や裕福な商人が狂歌師となり、そこに比較的生活に余裕のある町人たちが集い、皆で狂歌づくりを楽しんだのである。もちろん酒食が供されることも少なくなく、場合によっては連の会合のあと、吉原遊廓に繰り出し引手茶屋で酒宴を張ったり、妓楼に登ったりすることもあったろう。

ちなみに重三郎は、自ら狂歌師となって蔦唐丸と称し、狂歌の「吉原連」の中心となって狂歌会を主催するようになる。同時に、四方赤良や恋川春町などが主催する狂歌連の会合などにもしばしば顔を出している。

鈴木俊幸氏は、このように「狂歌師蔦唐丸の活躍は一見めざましい。現在確認できる狂歌の数は多くはないが、蔦唐丸はこのような催しには多く参加しており、狂歌界での旺盛な活動をうかがわせてくれる資料は少なくない」(『新版　蔦屋重三郎』)と述べる。

五代目・市川團十郎も狂歌連に誘う

ところで、五代目・市川團十郎《いちかわだんじゅうろう》のような歌舞伎役者も狂歌師として活躍していた。團十郎の「三升連《みますれん》」はある意味、ファンクラブでもあった。

「楽しみは　春の桜に　秋の月　夫婦仲良く　三度食う飯」

これは團十郎の作である。歌舞伎役者と狂歌の組み合わせは少々意外な気がするが、狂歌を愛した役者たちは多く、いまも多くの作品が残っている。つまり、狂歌界にいることで、重三郎は役者とも顔見知りになれたわけだ。

それだけではない。重三郎は、知り合いの作家や絵師たちを盛んに連に誘い、狂歌の世界に引き込んでいった。歌会で狂歌師に加えて有名作家たちにも狂歌を詠ませ、それらを本にして売り出せば、ファンが買ってくれるというもくろみがあったのだ。また、絵師が歌会の場を直接見ることで、臨場感のある良い狂歌本の挿絵が描けると考えたのだろう。

また、出版する狂歌集の多くに、蔦唐丸の歌を挿入した。これによって唐丸（重三郎）の「歌の入らざるもなかりしかば、その名田舎までも聞えて、いよ〳〵生活の便宜を得たりし」（『近世物之本江戸作者部類』）とあるように、宣伝活動に利用したのだ。

もちろん、すべて打算だけで動いているわけではなかろうが、重三郎にはこれからの狂歌の世界がブルー・オーシャンに見えていたに違いない。

そもそも、狂歌師・蔦唐丸となった重三郎に、狂歌の才能があったかどうかはいささか怪しい。別人に代作させていたという説もある。事実、曲亭馬琴はその著書の中で「四方山人（赤良）社中（狂歌連）の狂歌集に、唐丸の歌（狂歌）あれども自咏《じえい》にあらず、別人代歌したる也」（『近世物之本江戸作者部類』※（　）内は筆者の補足）と述べている。しかしこれについて鈴木俊幸氏は、「代作にしては下手すぎはしないか、とも思う」（前掲書）とその出来の悪さを指摘している。こうしたことを考えると、やはり重三郎はあくまで狂歌の本を出版するために、その世界に飛び込んでいったのだろう。

もちろん狂歌の世界に目をつけた版元は、重三郎だけではなかった。むしろ『狂歌若葉《きょうかわかば》集《しゅう》』を出した前川六左衛門《まえかわろくざえもん》、『万載狂歌集《まんざいきょうかしゅう》』を刊行した須原屋伊八《すはらやいはち》のほうが早かった。二人ともお堅い本を出版する書物問屋であった。歌や俳句は、書物問屋の領域だったからだ。松木寛氏によれば、版元は「天明三年になると一斉に狂歌書出版に集中する」「菅竹浦《すがちくほ》の『狂歌書目集成』によると、天明二年に四種だった狂歌書出版数は、翌年には十九種にまではね上がっている」（『蔦屋重三郎――江戸芸術の演出者――』）という。

この状況を、重三郎は手をこまねいて見ていることができなかった。

分野の異なる地本問屋でありながら、強引にこの領域に踏み込んでいったのだ。松木氏はふつうの地本問屋なら「狂歌本に関しては書物問屋の領分と考え、あえてそこに進出する考えなど頭の端にも浮かんでこなかった」（前掲書）ものを、「重三郎はこの常識の裏をかき、狂歌界に鮮やかな進攻をかけたのである」（前掲書）という。

以後、重三郎は狂歌師・蔦唐丸として培った人脈や吉原外交によって、代表的な狂歌師や有名戯作者をがっちりつかみ、次々と狂歌本のヒット作を連発していき、狂歌本の代表的な版元にのし上がっていった。

中でも特筆すべきものが天明五年に刊行された『狂歌百鬼夜狂《きょうかひゃっきやきょう》』である。

これは「百物語」で詠んだ狂歌を本にしたものだった。「百物語」というのは、みんなで集まって怪談を紹介しあう遊びである。一人ずつ順番に怪談を披露していき、百話終えたとき本物の化物が現れるという言い伝えがあり、江戸時代は怪談話を楽しむのが人気の娯楽になっていた。今回は「百物語」にならって一人一人が怪物にまつわる狂歌を披露していくという趣向の集まりが開かれた。もちろん、企画したのは蔦屋重三郎だろう。このときは四方赤良を筆頭に宿屋飯盛、唐衣橘洲、唐来参和、平秩東作、山東京伝など十六人の名だたる狂歌師が一同に会し、よく知られている化物に関する狂歌が詠まれていった。

たとえば紀定麿《きのさだまる》は「雪女」をお題として、

「白粉《おしろい》にまさりてしろき雪女　いつれけしやう（化生／化粧）のものとこそみれ」

と詠んでいる。

「白粉顔より白いという雪女だが、化生《けしょう》のものが化粧しているのだろうか」

このように、化生と化粧をかけたのだ。

重三郎が企画した百物語と狂歌のマッチングは好評だったようで、その後、いくつも同じような百物語の狂歌集が刊行され、幕末には化物の挿絵を入れた狂歌絵本が話題をさらった。このほか重三郎は、百人一首、人気俳優など特定のテーマで狂歌会を開催、狂歌師たちが詠んだものを編集しては狂歌本として発行していった。

ユニークな企画が多かったから店頭に並べておけば、きっと良く売れて収益アップにつながったと思われるが、残念ながら蔦屋（耕書堂）の収支決算がわかる資料は残っていない。それに当時の出版部数は、二百から三百部が主流で、大ヒットしても一千部程度だったという。狂歌本は一冊五十ページぐらいで十文程度と単価が安いので、もうけもそれほど多くない。単なる宣伝効果を狙ったのかもしれない。

ついに日本橋に「耕書堂」を出店する

天明三年（一七八三）、重三郎は地本問屋の老舗・丸屋小兵衛の店と奥庫を買い取り、日本橋通《とおり》油町《あぶらちょう》に「耕書堂」を出店した。三十三歳のときのことである。これまでの吉原門前の五十間道の店は、手代の徳三郎に任せることにした。

日本橋地域は江戸経済の中心であり、大店の商家も多く、須原屋や鶴屋など大手の出版社（書物問屋や地本問屋）もずらりと軒を連ねていた。

さて、狂歌ブームが次第に下火になった頃、重三郎は大きな賭けに打って出る。狂歌本にふんだんな人物挿絵（浮世絵）を加える狂歌絵本という新たなジャンルを提示したのである。

そんな狂歌絵本の嚆矢《こうし》として天明六年（一七八六）に発刊されたのが、『吾妻曲狂歌文庫《あずまぶりきょうかぶんこ》』である。

この絵本には酒井抱一、四方赤良、石川雅望、朋誠堂喜三二、恋川春町、五代目市川團十郎といった、いまをときめく狂歌師五十人の肖像がカラーで描かれ、それぞれの代表的な狂歌を添えた豪華な中身だった。しかも、彼らの肖像は立ち姿、旅装束、読書姿のほか、脇息にもたれたり、子供をあやしたり、刀を掲げたり、傘を持ったり、扇子を広げたりとバラエティーに富んでいて、ページをめくっていてまったく飽きが来ない。

この『吾妻曲狂歌文庫』の肖像を描いた浮世絵師は北尾政演である。と聞いても、ほとんどの読者はその名に聞き覚えはないはず。けれど、彼の筆名が山東京伝だといえば、多くの方は聞きなじみがあると思う。そう、宝暦・天明期の文化を代表する黄表紙作家である。学校の授業で習ったはず。

じつは山東京伝は、若い頃に北尾重政に弟子入りして浮世絵師として活躍していたのだ。京伝は、町役人や家主をしている岩瀬《いわせ》伝左衛門《でんざえもん》の長男として深川木場《ふかがわきば》に生まれた。本名を岩瀬醒《さむる》と言い、九歳のときに手習いをはじめ、やがて三味線や長唄、絵を学ぶようになったという。

物を描くのが好きだったようで、絵師の北尾重政に弟子入りして本格的に浮世絵を学び、草双紙などに挿絵を描くようになった。もう少し後になると、絵師より作家業に重点を置くが、実家がそこそこの金持ちなので、成人してからも仕事もせずに生活ができた。重三郎は彼の画才のほうを高く買っており、最初に京伝の文才を見いだしたのは別の版元であった。

重三郎と京伝は一緒に吉原で遊んだり旅をしたりするなど公私ともに仲が良く、後になると、耕書堂の専属作家のようになった。

ともあれ、『吾妻曲狂歌文庫』が成功をおさめたことで、その後、重三郎は狂歌絵本を次々と発行していった。用いた絵師のなかには重政や政演（京伝）のほか、若き喜多川歌磨もいた。重三郎は歌磨に『絵本江戸爵《えほんえどすずめ》』（江戸の名所を描いた本）の挿絵を任せている。この二人の関係については、後に詳しく語ろうと思う。

繰り返しになるが、重三郎のもくろみは当たり、『吾妻曲狂歌文庫』は大ヒット作品となり、これに気を良くした重三郎は、採録する狂歌師を百人に増やし、『古今狂歌袋《ここんきょうかぶくろ》』を発刊。これもバカ売れしたことで、狂歌絵本は一つのジャンルとして出版界に定着したのである。まったく重三郎のアイディアの巧みさには舌を巻く。狂歌の退潮を救った狂歌絵本、見やすく値段を安くした蔦屋版吉原細見など、ちょっとした編集の工夫によって巨利を手にしてきたのだ。

その具体例として原八千代氏の研究（「江戸の実用書『小謡本』の編集」『出版研究』52日本出版学会　所収）を紹介したい。

江戸時代を通じて多くの版元から出版された能の小謡本《こうたいぼん》（祝いや余興に使いやすい謡曲の

一部を集めた本）について、老舗の鱗形屋と新興の蔦屋が出版したものを比較検討した内容である。原氏は分析の結果、「江戸の地本問屋の小謡本の分析からは、上方と異なるタイプの能面図入の小謡本が次々刊行され、それが江戸の小謡本のスタンダードとなっていた」が、「この系統の形式を生み出したのが、鱗形屋孫兵衛である」（前掲書）と述べる。老舗の「鱗形屋は、京都の小謡本の伝統を受け継ぎ、挿絵本を開発していく中で、頭書能面図入の基本スタイルを創始して、謡本も出す老舗として定番の小謡本を刊行し続けた」（前掲書）ことが判明したとする。

ところが重三郎は、「当時流行していたと思われる他の版元のものをうまく組み合わせて作成して」おり、「詳しく見ると蔦屋が鶴屋を模倣した証拠がいくつも残っている」そうだ。たとえば、安永八年（一七七九）の鶴屋本のミスがそのまま天明三年（一七八三）の蔦屋本に踏襲されていることでも、それは明らかだし、口絵を流用していることも判明している。ただ、重三郎がスゴいのは「鶴屋や大野木の小謡本を利用して、全く違った雰囲気の小謡本に仕立てている」ことである。際立つ他社の小謡本の口絵を選び、「左右の配置やデザインを変えて、インパクトある口絵としたのである」。原氏は、こうした「蔦屋の模倣は剽窃ともいえる大胆な手法だが、デザインを変えて新たなものに見せる手腕があった」と評している。そしてこれは、「伝統に基づき安定感をもとめる老舗版元と、新しさをもとめる新進版元」の編集方法の違いだとする。

現代はいうまでもなく、他人の文章や挿絵を断りなく使用するのは、著作権法違反である。しかし江戸時代は、ある程度の剽窃《ひょうせつ》やパロディーは許されていたし、それが巧みなほど高く評価された。

ともあれ、小謡本の編集から明らかなように、重三郎は、どうすれば読者にインパクトや斬新さを印象づけて本を買ってもらえるかを常日頃から考え、工夫を重ねていたのだと思う。

黄表紙を仕掛けて、売り上げ二桁増となる

草双紙とは、庶民向けに仮名で書かれた絵入りの小説のことである。江戸の地本問屋が扱うジャンルだったが、時期によって表紙の色が異なり、赤本、青本、黒本と呼ばれた。その内容は子供向けのおとぎ話が中心だったが、やがて歌舞伎や世相の噂話などを題材とする大人向けの中身に変わっていった。

重三郎の駆け出し時代、黄表紙と呼ばれる草双紙が流行りはじめていた。

そのきっかけになったのは、安永四年（一七七五）に発売された恋川春町の『金々先生《きんきんせんせい》栄華夢《えいがのゆめ》』（版元は鱗形屋孫兵衛）の大ヒットにあった。そして、同書の表紙の色が黄色かったから黄表紙と呼ぶようになったのだという。

その内容だが、ざっくりいえば、次のようなものであった。

立身を目指して江戸に出てきた金兵衛《きんぴょうえ》は運良く豪商の養子になることができた。しかし、放蕩《ほうとう》によって金を使い果たし家から追い出されてしまう。その場面で金兵衛は目が覚めた。すべては夢だったのだ。江戸に行く途中、飲食店で粟餅《あわもち》が蒸し上がるのを待つ間に眠ってしまったのだ。金兵衛は、たとえ出世したって一生の楽しみなど粟餅一炊のうちに過ぎないと悟り、そのまま故郷へ引き返したというお話である。

「一炊の夢」という慣用句の由来で、唐の時代に書かれた小説『枕中記《ちんちゅうき》』のパロディーだが、滑稽で風刺や機知にとむ内容になっていた。

曲亭馬琴が『近世物之本江戸作者部類』（徳田武校注）に「この人の作は皆自画也。好画ではなけれども、一風あり」と述べているように、春町は上手くはないが味のある絵を描く絵師でもあり、自著の挿絵を自分で描くことも少なくなかった。

いずれにせよ、『金々先生栄華夢』の売れゆきを目の当たりにして、多くの版元たちが黄表紙の出版に手を染めていった。

もちろん重三郎も黙っていない。安永九年から売れっ子の朋誠堂喜三二の『龍都四国噂』、新進気鋭の山東京伝（絵師でもある）の『夜野中狐物《よのなかこんなもの》』など次々と黄表紙を出版していった。こうした重三郎の快進撃の背景には、別項で述べたように、鱗形屋の衰退があったといわれる。

この機に乗じて重三郎は、売れっ子作家に対する接待攻勢をかけていった。先にも触れたが、天明二年十二月十七日には、春町は赤良、北尾重政、政演らとともに蔦屋で会合を開き、そのあと吉原の遊女屋「大文字屋」に登楼している。

このように戯作者や狂歌師、絵師たちを接待して付き合いを深め、彼ら同士をつなげて蔦重を中心とする一大人脈、大きなネットワークを構築していったのである。

とくに重三郎は、絵師との関係を深めようとした。山東京伝＝北尾政演のように作家を兼ねる絵師が多かったこともあるが、黄表紙は文章の面白さだけでなく、絵師の挿絵の良否が売り上げを左右したからだ。

当時の黄表紙の売れ行きはすさまじいものだったようで、かつて重三郎の屋敷に寄食し、文才を見いだしてもらった曲亭馬琴は、『近世物之本江戸作者部類』の中で次のように語っている。

「通油町の地本問屋である鶴屋と蔦屋の二店が出版する草双紙（黄表紙）は、必ず優れた作者を選んでいるので、前年冬に発行すると、春正月下旬までに二冊物三冊物一組で、一万部の売れ行きを下るものはない。とくにヒット作は、一万二、三千部も売れることがある。とくに爆発的な売れ行きを示した作品は、それを抜き刷りにして袋入りにして、三、四千部売ることもある」

これまでの書籍と一桁、いや二桁違うスゴい販売部数を見せたことがわかる。笹川種郎著『遊俠伝』（文武堂）には、寛政の初め頃、蔦屋重三郎の耕書堂に若い僧侶がやって来てこっそり洒落本（遊里のことを描いた小説）を数冊購入した。見ていると、支払いのさい坊主は懐から布施袋を取り出し、そこから金を払ったという。おそらく檀家《だんか》の家を回った帰り道だったのだろうが、仏へのお布施は吉原遊廓に思いをはせる生臭坊主の妄想に使われることになったのだ。何とも罰当たりなことだが、仏に仕える僧侶すら、重三郎の出す本に夢中になったわけだ。

こうして大きな版元に成り上がった蔦屋重三郎だったが、やがて潮目が大きく変わってくる。田沼意次が失脚し、天明七年（一七八七）から老中の松平定信が幕政改革（寛政の改革）を始めたのである。

松平定信は田沼意次を殺したいほど憎悪していた

別項でも記した田沼意次について改めて触れておきたい。意次といえばもう賄賂政治家のイメージしか思い浮かばないという方が多いのではないだろうか。

やはり小説や時代劇の影響に加え、かつて学校でそう習ったからだと思う。

たとえば、およそ五十年前の歴史の教科書を紐解いてみよう。そこには、確かにこう書かれている。

「意次はわいろを取ったりしたので、非難された」（『中学校社会　歴史的分野』日本書籍　一九七四年）

三十年前の日本史の教科書でも、「意次は、賄賂による役職の売買などを非難されて失脚した」（『高校日本史』三省堂　一九九三年）と明記されている。

また、田沼意次の屋敷には毎日大勢の客人が高価な贈答品をもって訪れ、客間はそうした人々であふれかえっていたという話は、定信と同時代を生きた松浦静山《まつらせいざん》の『甲子夜話《かっしやわ》』に記されているし、意次が日本橋稲荷堀に下屋敷を新築したとき、「庭の泉水に魚を入れたらさぞ面白かろう」とつぶやいたところ、その日の夕方までに諸大名から続々鮒《ふな》や鯉《こい》が贈られ、池には魚が群れていたという話もある。また、これは俗説だろうが、さる大名は、等身大の京人形だと称し、大きな箱に本当の京美人を入れ、意次に進呈したという話も人口に膾炙《かいしゃ》している。

では、今の教科書は、田沼意次のことをどう評価しているのだろうか。

「意次の時代は、経済の発展を背景に、学問や芸術が展開しました。しかし、その一方で、地位や特権を求めてわいろが横行し、政治に対する批判が高まりました」（『新しい社会　歴史』東京書籍　二〇二一年）

「意次の政策は、商人の力を利用しながら、幕府財政を改善しようとするものであり、これに刺激を受けて、民間の学問・文化・芸術が多様な発展をとげた。一方で、幕府役人のあいだで賄賂や縁故による人事が横行するなど、武士の気風を退廃させたとする批判が強まった」（『詳説日本史　日本史探究』山川出版社　二〇二三年）

現在の教科書にも「わいろが横行」とか「賄賂や縁故による人事」という文字が載っている。やはり、「田沼意次が賄賂政治家だという評価は変わっていないではないか」そう考えるのは早とちりである。もう一度、山川の教科書をよく読んでいただきたい。

この時代に賄賂が横行したとあるが、それは単に当時の風潮を述べているだけで、意次自身が賄賂を受け取ったとは書かれていないことがわかるはず。

意次が賄賂政治家だったことについて、近年、疑問が生じているのだ。

確かに江戸時代の史料には、意次が賄賂を受け取った記述がいくつも残っている。ただ、その出所をよくよく探ってみると、平戸《ひらど》藩主・松浦静山など意次の政敵・松平定信一派が発信していたり、誹彼と悪口を言う人物が書いていたりする。

しかも、研究者の大石慎三郎氏によれば、こうした賄賂に関する逸話は「すべて田沼意次が失脚したのちに書かれたものである」(『田沼意次の時代』岩波書店)という。田沼が政権を握っていたときの記録ではないわけだ。

なのに、賄賂政治家の汚名を着せられたのは、やはり意次を失脚に追いやった松平越中守定信とその一派の仕業だと思われる。つまり意次失脚後、わざと巷《ちまた》にフェイクニュースを流した可能性が高いのだ。

政権を握った人物が前の権力者を貶《おとし》めることは歴史上よくあることだが、ここまで悪評が広まったのは、定信に明確な復讐《ふくしゅう》の意図があったからだと思われる。

じつは、定信は意次を殺したいほど憎んでいたのである。というより、刺し殺そうと短刀を懐に入れて江戸城内をうろついていた。本人が告白しているから本当だろう。世の中を腐敗させた田沼政治を憎んだのだというが、定信が意次の妨害で将軍になりそこねたからだとする説もある。

ちょっと怪しげな話だが、面白くもあるので、紹介しておこう。

十代将軍徳川家治《いえはる》には嫡男・家基《いえもと》がおり、彼が十一代将軍になるのは確実であった。ところが十八歳のときに急死し、次期将軍には御三卿（八代吉宗の子や孫の家柄）から一《ひとつ》橋《ばし》家の家斉《いえなり》が選ばれた。これを松平定信が憎悪したというのだ。

じつは定信は、御三卿の田安宗武《たやすむねたけ》の次男で、そのまま田安家にいたら、このとき将軍になれた可能性が十分にあった。田安家を継いだのは兄の治察《はるあき》だったが、治察はとても病弱で、いつ没してもおかしくない状態。このため田安家では、次男の定信を家中に置いておきたかった。なのに定信は、幕府の命により、無理やり白河藩主松平定邦《さだくに》（十一万石）の養子に出されてしまった。案の定、それから半年後に治察が死んでしまい、一橋家は当主不在に陥ってしまう。そこで田安家としては、幕府に定信の復帰を願ったが、認められなかったのである。

そしてそれから五年後、先述のとおり、将軍家治の嫡男・家基が急逝したというわけだ。

もし定信が田安家の当主になっていたら、英邁《えいまい》の噂が高かったので、十一代将軍を拝命していたかもしれない。つまり定信は、裏で田沼意次が自分の将軍就任を妨害したと信じ、憎悪するようになったという説だ。

真偽は不明ながら、定信が意次を殺したいほど憎んでいたのは事実であり、そんな彼の一派によって意次の悪評が流されたことは頷《うなず》けよう。

しかも、松平定信は寛政の改革の実行者であり、清廉潔白な人物だった。だから明治時代になっても人びとの尊敬を集め、あの渋沢栄一《しぶさわえいいち》も非常に敬愛していた。そのうえ大正時代には、定信が支配していた白河の地に彼を祭神とする南湖《なんこ》神社が創建されている。

このように、定信の人気が高まれば高まるほど、敵である意次は不人気になっていくのは必然だった。

私の手元に明治時代末の『尋常小学日本歴史教授書』(教員の歴史教授法の手引き書)があるが、そこに意次のことがどう描かれているかをみてみよう。

「田沼意次が、家治の時には側衆となり、遂には大名になり、今や老中に進み、一門皆顕要の位置に立ち、茲に威福を弄し、下情を壅閉《ようへい》して種々の弊害を惹起すに至つた(旧教科書には田沼意次の名ありたれども新教科書には省かれてある。国史としては其の氏名の如きは重要にも非ざれば、便宜省略するも可なり。）
今其《いまそ》の弊政《へいせい》の例を簡単に挙ぐれば、賄賂公行は言ふを待たず、諸大名などが家督の祝に老中を招待して饗応する事を法令で催促するやうな事さへあつた」

ちょっと難解な文章だが、「種々の弊害を惹起す」などと意次をことさらおとしめ、彼の名前なんて重要ではないので教えなくてよいとか、賄賂をもらうだけでなく饗応を法令で催促したなど、いかに悪い人間だったかを書き連ねていることがわかる。

一方、定信については「文武の道に秀でた人で、老中となるに及び、（略）節倹を行ひ、武備を励まし、奸邪《かんじゃ》を斥《しりぞ》け、俊才を挙げ、幕府復興るに至つた」とベタ褒めである。こうして意次＝悪人、定信＝善人というイメージが確立していったのだ。

天明の大飢饉が田沼政治に終止符を打った

先の大石氏は、「田沼意次の悪事・悪評なるものを総まとめにして世間に周知させたのが、辻善之助氏の『田沼時代』という著名な著書である」（『田沼意次の時代』）と、意次の悪評に拍車をかけた歴史書を指摘する。

同書は大正四年（一九一五）に刊行されたもので、著者の辻善之助は当時、東京帝国大学文科大学助教授だった。後に同大学の名誉教授となり、文化勲章を授与された歴史学の権威である。そんな辻氏が不確かな史料を用いたり、恣意的に史料を取り上げ、「田沼意次のみを悪玉」に仕立て上げたのだと断じている。さらに大石氏は、「田沼意次についてこれまで紹介されてきた『悪評』はすべて史実として利用できるものではない」と明言する。

結論を言えば、田沼意次は取り立てていうほどの賄賂政治家ではなかったのである。そもそも当時、付け届けによって出世や利得をはかるのは珍しいことではなく、幕府の最高権力者に贈答品が殺到するのは、それが意次でなくても当然の現象であった。

では、意次は本当はどのような人物だったのだろうか。

残念ながら、その人柄がわかる一次史料（当時の日記、手紙、公文書など）は極めて少ない。そうしたなかで、意次が家中に与えた遺訓がある。深谷克己氏はこれを分析し、意次の性格を次のように論じている。

意次は「家臣が主家のために思いつくあれこれを遠慮せず、上下の身分を問わず建言することを指示していた」、「日常接触する者には丁寧で、物言いはやわらかく率直でわかりやすく、「遺訓」でいっているように「そけもの」（異風者）をきらい、乱れのない格好と職務精励を日頃のモットーにしていたのにちがいない」(『日本史リブレット人　田沼意次「商業革命」と江戸城政治家』山川出版社)

つまり、まっとうな人格者だったというわけだ。

そんな意次は、出世する過程で強固な派閥をつくっていった。これについて深谷克己氏は、

「田沼一族で広角的に縁戚のネットワークをつくり、その力で政治の影響力を強化しようとしたことである。弟意誠《おきのぶ》や子どもや娘・孫などが御三卿家や大名家と奉公・姻戚関係をつくり、また田沼家の家臣らもそれぞれにつながりを広めた。それらの総体が幕府の実権を握ることに効果を発揮した」(前掲書)と評している。

ともあれ、意次が農本主義を捨てて重商主義をとったことは、倫理観の転換にもつながり、武士ならず庶民からも心理的な反発が起こった。

さらに不運なことに、この時期に凶作が続いた。天明三年七月、浅間山《あさまやま》が大噴火してその噴煙による日照不足や長雨から東北地方は数年間におよぶ大凶作に陥り、三十万人ともいわれる餓死者や病死者が出たという。

「天変地異が起こるのは、時の為政者が悪いからだ」という中国の思想があり、大飢饉は

田沼政治を動揺させた。

そんな天明四年三月、意次の嫡男で若年寄の地位にあった田沼意知《おきとも》が江戸城中で刺されたのである。犯人は、佐野政言《さのまさこと》という旗本だった。意知への怨恨から犯行におよんだというが、政敵松平定信が放った刺客だとする説もある。いずれにせよ、意知はまもなく息絶えた。

跡継ぎを失った意次の政治権力は、急速に弱体化していった。それでも二年間トップの地位を守り続けたが、後ろ盾だった将軍家治が死去すると、とたんに老中を免ぜられて二万石を削られ、さらに翌年、さらに二万七千石が没収されるとともに隠居を命じられた上、謹慎蟄居《ちっきょ》処分に処された。

先述のとおり、意次を権力の座から引きずり下ろしたのは松平定信だったが、意次が失脚したからといって、すぐに定信が権力を手にできたわけではなかった。

じつはまだ、意次の親戚や彼によって引き立てられた大名たちが閣僚として多く残っていたからだ。二十年間権力を握り続けたこともあって、それほど田沼派の勢力は強かったのである。

たとえば、十一代将軍家斉の実父である一橋治済《はるさだ》が、徳川御三家とともに「白河藩主の松平定信を老中にすべきだ」と提案したさいも、田沼派の工作によって正式に拒否されてしまっている。このように意次の失脚後も、幕府の中では田沼派と反田沼との激しい政治闘争を繰り広げていたのだ。

そんな状況が一変したのが、天明七年（一七八七）五月のことであった。将軍のお膝元である江戸で、大規模な打ちこわしが発生したのである。

連年の大凶作による物価の高騰で生活苦に陥った貧しい人びとが米屋や商家を襲撃、蔵や屋敷を破壊して金穀を道ばたにぶちまけたのだ。こうした打ちこわしは江戸だけでなく、大坂や奈良、長崎などの大都市でも発生。甲府、駿府、和歌山、堺、伏見、大津、広島、下関、博多など、諸都市へ広がり、日本全体が騒擾《そうじょう》状態になってしまった。

とくに江戸の打ちこわしはすさまじく、数日間も無政府状態に陥ってしまう。混乱の責任を負うかたちで、田沼派の閣僚たちは次々と罷免されていき、ついに松平越中守定信は老中首座にのぼり、幕政を掌握できたのである。

ただ、打ちこわしで無政府状態になった事実は、定信にとっても衝撃であった。こうした事態が二度と起こらぬよう、命にかえて幕政の改革をしていこうという悲壮な決意のもと、寛政の改革はスタートすることになった。

定信は意外に意次の政策を継承していた

老中の松平定信は政権を手に入れると、すぐに幕政改革を断行していった。この改革で江戸の版元や戯作者などは大きな被害をこうむるが、定信の意気込みは相当なものだった。改革をはじめるにあたって、霊巌島《れいがんじま》の吉祥院大聖歓喜天《きっしょういんだいしょうかんぎてん》に願文を捧げているが、そこには「今年は豊作になり、庶民の金穀の融通がうまく行くよう、自分の一命のみならず妻子の命にかけてお願いいたします」とあり、「それがうまくいかず、幕府中興の業が達成されないなら、いますぐに私の命を奪ってください」と記されている。

その本気度がよくわかる。

くり返すが、打ちこわしによって将軍のお膝元である江戸が無政府状態になったことは、定信にとって驚愕すべき事態であった。こうしたことが二度と起こらぬよう、命にかえて幕政の改革をしていこうという悲壮な決意のもと、寛政の改革はスタートすることになったのである。

寛政の改革は、田沼時代の反動政治と思いこんでいる方もいるだろう。今の教科書にも定信は「田沼時代の政策を改め、幕政の改革に着手した。飢饉で危機におちいった農村を復興することによって幕府の財政基盤を復旧し」(『詳説日本史　日本史探究』)たとある。だから重商主義を掲げて商活動の活性化をうながした諸政策を廃止し、農民からの年貢米を財政の基本とする農本主義へと押し戻したというイメージが定着している。しかし近年の研究によると、意外にも定信が「改革において講じた経済政策は、株仲間や冥加金、南鐐二朱判、公金貸付など、実は田沼政権のそれを継承したものが多かった」(高澤憲治著『松平定信』吉川弘文館)ことがわかっているのだ。それはそうだろう。

商工業がますます発達し、貨幣経済が浸透していた当時にあって、こうした伝統的政策への回帰は、そもそも無理がある。

ただ、定信の当面にして最大の課題は、天明の飢饉で荒廃しきってしまった農村を復興させることにあったのは確かだ。

この飢饉により、飢えた農民が村を捨てて大量に都市へ流入、農村は人口が激減して田畑は荒れ放題になってしまっていた。また、こうして江戸に移入した貧農が都市で発生した打ちこわしの主力となったのだ。

そこで定信は、他国へ出稼ぎへ行くことを制限するとともに、都市に出てきた農民に対し、正業をもたない者を対象に、資金を与えて帰村をうながした。これを旧里帰農令《きゅうりきのうれい》と呼ぶ。

　また、荒廃した田畑を復旧しようとする農民に対しては、農具代や種籾《たねもみ》代という名目で公金の貸付を惜しまなかった。その貸付高は、なんと十五万両におよんだといわれる。人口を増やすため、育児手当を支給したのも面白い。

　さらに、人徳のある豪農を名主（村役人）に積極的に登用するとともに、幕府の直轄地を支配する代官のうち、不正の疑いがある者を多数処罰し、無能な者を解職し、およそ四分の三以上を有能な代官と交替させたのである。

　くわえて、二度と農民たちが餓死することがないよう、村々に社倉《しゃそう》や義倉《ぎそう》を設けて米穀を備蓄させる囲米《かこいまい》制度を創設した。

　ちなみに先述した旧里帰農令だが、いったん都市に出てきた貧農はなかなか農村へ戻ろうとはせず、法令はあまり効力を発揮しなかった。このため、相変わらず江戸市中は、無宿者や貧民であふれかえっていた。彼らが二度と暴動を起こさぬよう、定信は両替商（巨大資本）を幕府の勘定所御用達に登用し、その力を用いて物価の引き下げをはかった。

　また、江戸の町人から集めた町費の節約を命じ、節約した額の七割を積み立てさせて金穀を備蓄させ、打ちこわしが発生しそうな状況が起こった場合、ただちにこれらを放出して都市下層民を救う態勢を整えた（七分積金《しちぶつみきん》）。

さらに、無宿者や軽犯罪者を強制的に収容する人足寄場《にんそくよせば》という施設を石川島に設置した。人足寄場は今で言う職業訓練校であり、同所ではさまざまな技術を習うことができ、手に職をつけた暁には、金銭を与えて社会復帰させた。

実は開国を胸に秘めていた松平定信

松平定信は、寛政四年（一七九二）、仙台藩士林子平《はやししへい》の著した『海国兵談《かいこくへいだん》』の版木を没収し、子平に蟄居《ちっきょ》を申し渡した。子平は『海国兵談』のなかで「国際港長崎の警備をいくら厳重にしても、『江戸の日本橋より唐（中国）、阿蘭陀《オランダ》迄境なしの水路』ゆえ、無防備な江戸に来襲されたらおしまいだ。それゆえ安房《あわ》や相模《さがみ》の防備体制を整えて江戸を防衛するとともに、全国の海岸防備を早急におこなう必要がある」と主張した。

子平も前述のベニョフスキーの情報に触発されて、同書を著したのである。

定信は天明八年（一七八八）に『老中心得十九カ条』を記し、そのなかで「外国遠く候ても油断致すまじき事」と、老中たちに外国に警戒の念を持てと諭し、寛政三年には異国船の打ち払いを諸藩に命じていた。そうした危機意識を持っていたからこそ、子平の主張に敏感に反応し、幕政を批判し世間を惑わすものとして彼を処罰したのだ。

だが、それからわずか四カ月後、子平の警鐘は現実のものとなった。

ロシアの女帝エカチェリーナ二世の派遣した使節ラクスマンが、大黒屋光太夫ら日本人漂流民を伴って根室《ねむろ》に来航、幕府に通商を求めてきたのだ。

驚くべきは、このおり定信が、「ロシアが強く望むならば通商も止むを得ない」と決断したことである。じっさい定信はラクスマンに「古来日本では異国船が渡来したさいには、乗員を逮捕するか、海上で打ち払うのが国法だが、今度は国際港長崎において話し合いを持つ用意がある」と伝達し、信牌《しんぱい》（長崎への入港許可証）を渡している。

だからもし、ラクスマンが長崎に入港し交易を希求していたなら、ペリー来航よりも半世紀以上前に、我が国はロシアと通商していた可能性があった。だが、彼はそのまま帰国してしまったため、日露の国交樹立はまぼろしとなった。

それにしても松平定信はなぜ、ロシアに通商を匂わせたのだろうか。

一番の理由は、ラクスマンが「船で江戸へ赴き、幕府に直接漂流民を引き渡したい」と言い張ったためだ。信じがたいことに、将軍のお膝元で日本最大の都市であった江戸には、まともな海防施設が皆無に近かった。万が一、ラクスマンが裸同然の江戸湾を見てしまったら、ロシアが侵略の触手を動かし兼ねない。

また、すんなりと江戸湾へ外国船を引き入れてしまった場合、幕府は庶民のあなどりを受けるのみならず、諸大名の叛意《はんい》を誘うかもしれない。

きっとこの段になって改めて定信は、「江戸の日本橋より唐（中国）、阿蘭陀迄境なしの水路也」という林子平の警鐘をかみしめたことだろう。

いずれにせよ、ロシアが強大な帝国であることを知っていた定信は、無下にラクスマンの江戸行きと通商要求を拒絶できぬと判断し、苦肉の策として長崎入りを認めたのだと思われる。

ラクスマンが去った後、定信は海防掛《かいぼうがかり》を設置して自らを任じ、寛政四年十月に『海辺御《かいへんお》備愚意《そなえぐい》』と題する海防計画を幕閣に提示、柏窪《かしわくぼ》や下田《しもだ》、伊浜《いはま》や韮山《にらやま》、甘縄《あまなわ》や走水《はしりみず》など江戸湾を守るため要地に海防担当奉行を設置すべきことを訴え、寛政五年には計画の実現に向け、自ら相模・伊豆地方の沿岸巡視をおこなった。

同時に諸大名に対し、海岸防備のために領内に恒久的施設をもうけ、防備に要する人数、船数、大筒などの武器数を幕府に報告せよと命じた。

北方防備については、蝦夷地へ渡る要地である青森を南部藩から、三馬屋《みんまや》を津軽藩から召し上げて幕府の直轄とし、北国郡代（幕府の遠国奉行《おんごくぶぎょう》）を新設して両地の防備にあたらせ、南部・津軽両藩にその支援を担わせる防衛構想を立てた。

一方、蝦夷地を国内ではなく「異域」（国外）とみなし、徹底的に守ろうという姿勢はみせなかった。薩摩における琉球王国、対馬における朝鮮のように、蝦夷地は松前藩に交易権を与えている異域であると考え、「同地は不毛の地が広がり山岳も堅牢なので、ロシアの侵略から我が国を守る絶好の緩衝地帯。もしここを開発して人民繁盛ならしむれば、逆にロシアの侵略を受けるだろう」という見解を示し、田沼意次とは正反対に蝦夷地を開発せず、松前藩に防衛をまかせ、幕府は数年に一度、役人を巡視させるだけにしたのだ。

ちなみに鎖国が国法だとする主張も、定信がラクスマンを牽制するためにつくりあげた方便だったといわれる。

我が国は、外国との交際を拒絶してきたわけではない。たまたま通商を求めて来訪する国が現れなかっただけの話だ。ただ、「鎖国は国法や祖法である」とする定信の見解は、以後、頻繁に来航する外国船を退去させる絶好の口実になった。

あまり知られていないが、このように寛政の改革では、国防政策にも力を入れようとしたのである。

蔦重、政治風刺の黄表紙を出版

松平定信は、田沼時代に弛緩しきってしまった武士の気風を立て直すことにも力を注ぎ、盛んに文武の奨励を説いた。

将軍の御前における上覧試合をたびたび催すとともに、文武に秀でた者の名を書き上げて幕閣に報告させ、その武術や学問を見聞し、一芸に秀でた幕臣を積極的に登用していった。

また、湯島《ゆしま》聖堂に置かれた昌平坂学問所《しょうへいざかがくもんしょ》を官立とし、ここで学問を磨くことを幕臣に命じ、学問吟味を開始した。学問吟味というのは、いわゆる幕府主催の公的な学術試験と考えてよいだろう。科目は、四書五経・歴史・論策などがあり、これで好成績をおさめた者は抜擢を受けた。後述するが、寛政の改革に恐れをなし、狂歌の筆を折った四方赤良（大田南畝）も、学問吟味を受けて優秀な成績を収め、抜擢を受けている。

このように、文武に励めば昇進できるというシステムを構築し、下級武士にも登用の道を開いたのである。こうした政策により、江戸市中では私塾や剣術道場が勃興し、にわかに士風が引き締まっていった。

だが、こうした政策に対して、

「世の中に蚊ほどうるさきものはなし　ぶんぶといふて夜もねられず」

と、蚊の羽音と文武奨励をひっかけた狂歌が出るなど、かつての田沼時代の自由な空気を懐かしむ声も出るようになった。こうして改革への批判が立ちのぼるようになると、定信はそれまでの方針を大きく変えていく。

定信はメディア（出版物）が大きな力を持つことを理解していた。このため自分が老中に就任すると、「藩邸の四丁四方の町人に対して、銭を施行している。しかも、それを瓦版に書き込ませて、口上により一〇月頃まで売らせ続け」（高澤憲治著『松平定信』吉川弘文館）るなど、マスコミを巧みに利用しているのだ。

これに関して高澤氏は、定信が「自ら戯作を書くほどであったから、文学の魅力や危険性を充分に把握していた」（前掲書）のだとする。ゆえに「入閣時には瓦版を利用したり、上書を許すことにより、自分に対する世間の期待感を煽っている。天明八年の春頃からは、政治を素材とした黄表紙の刊行を黙認して、反田沼の宣伝に利用」（前掲書）したのである。

ところが、「ぶんぶ」の狂歌のように批判の矛先が改革に向いてくると、思想・情報の統制を開始したのだ。

朱子学《しゅしがく》以外の学問を昌平坂学問所で教えてはならぬとか、好色本は絶版にせよとか、政治を風刺する黄表紙や洒落本を書くなとか、さまざまな統制政策を展開していった。

このため、版元たちが、黄表紙や洒落本の刊行を控えたり、内容を穏便なものにしているなかで、天明八年（一七八八）、蔦屋重三郎は朋誠堂喜三二の黄表紙『文武二道万石通《ぶんぶにどうまんごくどおし》』を出版してしまう。

その内容だが、鎌倉時代を舞台とし、間抜けな武士が文武を奨励する幕府にあわてふためくという滑稽な内容だった。

当時の老中松平定信がうるさく文武に励むよう通達していたので、源頼朝の重臣畠山《はたけやま》重忠《しげただ》を定信に見立てるなど、暗に寛政の改革を茶化したものだった。幕政批判としては最も早い作品の一つだといえる。

ただ、馬琴が先の『近世物之本江戸作者部類』で「古今未曽有の大流行」と記したように、『文武二道万石通』は予想外に部数を伸ばし、売り切れてしまうほどだった。

これに味を占めた重三郎は、さらに翌寛政元年（一七八九）、恋川春町の『鸚鵡返文武二道《おうむがえしぶんぶのふたみち》』を刊行した。これもまた政治を風刺した内容だった。

この両書がこれほど売れたのは、繰り返しになるが、にわかに始まった寛政の改革に対し、人びとが反発していた証拠だろう。

重三郎は、そんな世相に乗じてあえて政治風刺の黄表紙を世に送ったのだ。面と向かって江戸幕府に逆らえなかった江戸時代。それでも、権力に対する反骨心や密かな抵抗が江戸っ子の売りであった。いわゆる「いき」や「はり」の精神である。

当時の版元たちも、全員が唯々諾々と御上の言いつけに従っていたわけではない。ある意味、身の危険をおかし家運をかけてまで、人びとが求める書物を世に送り出す者も少なくなかった。

その代表が蔦屋重三郎だったが、矜持を持つ版元は昔から存在した。寛政の改革より十数年前に遡るが、その一人が申椒堂《しんしょうどう》を経営する須原屋市兵衛《いちべえ》（須原屋茂兵衛の分家）である。

市兵衛は、処罰されるかもしれないという覚悟で、杉田玄白《すぎたげんぱく》や前野良沢《まえのりょうたく》に協力したのだった。

玄白ら数名の医者や学者たちはオランダ語に訳されたドイツの解剖医学書（ターヘルアナトミア）の正確さに感激し、密かにこの本を四年かけて翻訳していた。結果、世の役に立てるべく翻訳書の刊行を思い立ち、市兵衛に相談をもちかけたのである。

ただ、これまでも西洋に関する書物を刊行して、当局から絶版を命じられた例があった。

ゆえに前代未聞の出版事業は、かなり危険な橋をわたる行為だといえた。しかし、玄白たちの熱意に打たれた市兵衛は刊行に同意し、まずは官憲の様子をうかがうべく、解剖図と解説文数枚を出版した。これによって当局の様子をうかがったわけだが、とくに権力側からのお咎めはなかった。そこで大丈夫だと判断し、商業出版に踏み切っている。それが『解体新書』である。

重三郎も、単に売れ筋だから政治批判の黄表紙を世に送ったわけではなく、ある意味、版元としての矜持ある行動だったのだと思う。

戯作から身を引く朋誠堂喜三二と自粛する四方赤良

蔦屋重三郎の求めに従い、危険を覚悟しながら黄表紙を書いた朋誠堂喜三二だったが、作品の内容におそれをなした秋田藩は、喜三二に断筆を命じた。

どうも、老中の松平定信が秋田藩にそれとなく注意をうながしたようだ。『よしの冊子《ぞうし》』に、そう推察できる記述があるからだ。

『よしの冊子』とは、定信の側近・水野《みずの》為長《ためなが》が隠密などの諜報網を駆使して集めた膨大な情報をまとめた報告書のこと。もちろん情報収集を命じたのは定信であり、報告書は天明七年六月から定期的にまとめられ、定信に提出されていたようだ。

為長が集めた情報は役人や大名の人物評や言動が中心だったが、真偽の別なく、市井の噂話も手当たり次第に記録してある。

ただ、報告書は機密情報が満載だったので、その存在は長年秘匿されてきたが、寛政の改革から三十年近く経って、定信の遺品から発見されたのである。集めた情報冊子は、その末尾が「〜のよし」という語で終わっていることから、のちに「よしの冊子」と名付けられた。

おそらく定信は、『よしの冊子』を人事や賞罰、取締りや政策の実行などに役立てていたのであろう。政権のトップはこうしたことをよくやるものだ。

そんな『よしの冊子』に、朋誠堂喜三二が登場する。

研究者の浜田義一郎氏によれば、喜三二は、「藩の意向によって文筆を捨て、喜三二の名はすぐに友人に譲ってしまった。「よしの冊子」には藩主が松平定信に会った時「御家来の草双紙を作り候者」は戯作の才はあるが、こんな作をするようでは家老の器ではないといわれたので、そのままに「さし置がたく」国元の秋田勤務に変更したとある」(『随筆百花苑　第六巻』付録　中央公論社所収)そうだ。

ただ、浜田氏は、定信と秋田藩主が「江戸城内で逢った時に話題になったというのは有りうるだろうが、喜三二の行動をしらべてみても国元勤務になった形跡はなく、事実無根と思われる。ことによると秋田藩当局が表面を取り繕うため、架空の情報を流したのかもしれない」（前掲書）と推察している。

いずれにせよ、『よしの冊子』には事実ではない噂も記録されているので、そのまま信用することはできないし、秋田藩主の佐竹義和《よしかず》は喜三二が断筆した時点でまだ十四歳の少年だったので、定信が直接義和に伝えたかも疑問である。いずれにせよ、何らかの圧力が幕府から秋田藩にかかったのは事実だと思う。

繰り返しになるが、朋誠堂喜三二は、平沢常富という秋田藩佐竹氏の江戸留守居役であった。ゆえに主家に迷惑がかかると判断し、やむなく戯作活動を自粛したのではなかろうか。しかも以後、朋誠堂喜三二が黄表紙を書くことはなかった。つまり松平定信は、戯作界の異才を容赦なく葬り去ったわけだ。

こうして喜三二は文芸界から姿を消したが、前述のとおり、狂歌の四方赤良も幕臣だったので、文芸活動をひかえるようになった。

これ以前、赤良の活動もしっかり幕府の隠密によって監視されていた。たとえば『よしの冊子』（『随筆百花苑　第八巻』中央公論社）の天明七年十一月頃の記事には、次のようなことが記されている。

「四方赤良など狂哥連ニて、所々ニて会抔《など》いたし、又奉納物或ハ芝居抔の幕などをも、狂歌連にて遣し候ニ付てハ、四方先生故格別人の用ひも強く候処、御時節故左様の事も相止申候間、赤良抔ハ腹をたて申候よし」

わかりづらいので現代語訳しよう。

「四方赤良などの狂歌連は、あちこちで集まって会合（歌会）を開いたり、狂歌連の名で寺社に奉納物を捧げたり、芝居小屋に引き幕を贈ったりしている。狂歌師としての赤良先生の人気は格別に高かったが、寛政改革という時節柄、いままでのような派手な活動は中止せざるを得なくなった。このため、赤良などは腹を立てているとのことだ」

このように定信は、下級幕臣の四方赤良の素行や改革に対する不満までも把握していたのである。

さらに翌年六〜七月頃の記事には、

四方赤良（大田南畝）が「此度御書キ物御用被仰付候処、制（誓）詞之節病気にいたし罷出不申由。就右御徒頭致立腹御徒へ帰番致させ候よう沙汰仕候」（前掲書）とある。

つまり御徒《おかち》をつとめる赤良が、上司の御徒頭から「御書物御用」という役職を仰せつかったが、仕事を引き受ける宣誓式に病気だといって出席しなかったので、立腹した御徒頭はその職務を取り消してしまったというのだ。

まあ、噂話だから本当かどうかわからないが、赤良は幕臣といっても御徒という下っ端役人。そんな男の噂を書きとめているのは、やはり彼が狂歌の世界では神様的存在で、前代の田沼政治についても茶化した歌を多くつくって人びとの喝采をあびてきたからだと思われる。そんな文芸の力を定信政権は危険視していたのであろう。

事実、この記事の数行後に、

「一　狂歌　よの中ハ蚊ほどうるさきものハなし文武といふて人をいぢめる」（前掲書）

と記されている。

一般的には、前述した「世の中に蚊ほどうるさきものはなし　ぶんぶといふて夜もねられず」というバージョンのほうが有名だろう。ともあれこの歌は、先述のとおり寛政の改革で幕府が武家に文武奨励を強く打ち出したことを揶揄するものである。

誰が詠んだかわからないものだったが、庶民の不満を代弁していたので急速に人口に膾《かい》炙《しゃ》していった。この狂歌をつくった犯人として、どうやら人びとは赤良を疑ったらしい。

それは当局も同様で、だから『よしの冊子』も、赤良の記事のすぐあとにこの狂歌を記したのだろう。

定信は市井の評判に敏感であった。田沼政権が瓦解した背景には、人びとの不満が爆発したすえに勃発した江戸の打ちこわしがあった。あのような無政府状態を二度と起こさないというのが定信の強い決意であった。

当初、田沼政治に比較して寛政改革は評判が良かった。たとえば天明七年十一月頃の『よしの冊子』の記事には、

「田沼ハ邪の道を行ひ御政事を執《とる》ニ金銀を貪《むさぼ》り、栄耀栄花ヲしたが、越中様ハ直道《じきどう》を行ひ、君臣の道を尽して其上ニ金銀をとらず、正直ニ御政道を被成《なされ》、田沼も一人越中様も一人で御政事を被成が、田沼は楽をして人を困らせる、越中様ハ辛労をして天下の御為を被成て、諸人が有がたがると申候」（前掲書）

このように意次の悪政に対し、定信の善政を讃えている。

ただ、次第に改革が進んでいくと、前に述べたように定信の評判は落ちていった。倹約や風紀の厳正をもとめる息苦しい世の中、幕臣の札差《ふださし》からの借金を帳消しにする（棄捐令《きえんれい》）依怙贔屓《えこひいき》、物価を強制的に下げたことでの品質の低下、そうしたことが庶民の不満をつの

らせたのだ。

少し話が逸れたが、寛政の改革の厳しい方針により、赤良をはじめ武士出身の戯作者や絵師たちは、立場上、幕府に忖度《そんたく》して文芸活動を自粛せざるをえなかった。

こうして、戯作の世界から武士たちが退場していき、以後は町人出身の戯作者が業界の中心を占めていくようになった。

恋川春町の死は、自殺だったのか？

思想弾圧の魔の手が伸び、多くの戯作者が自粛していくなか、恋川春町はそのまま執筆活動を続けていた。

春町も倉橋格《くらはしいたる》（寿平）という駿河小島《おじま》藩士だった。もともと紀州徳川家の家臣の家に生まれ、倉橋家の養子となったのである。藩邸が小石川春日町《こいしかわかすが》にあったので、それをもじって筆名（戯号）を恋川春町にしたのだといわれている。

当初、春町は戯作ではなく絵に興味を持ち、鳥山石燕《とりやませきえん》を師として画法を学び、草双紙の挿絵を描くようになった。石燕は、あの喜多川歌麿の師匠でもあった人物だ。同じ武士出身ということもあって、春町は朋誠堂喜三二と親友の間柄となり、彼の作品にもよく挿絵を描いていた。

天明初期に狂歌ブームが武士の間で始まると、春町は酒上不埒《さけのうえのふらち》、寿山人《じゅさんじん》などと号して狂歌に興じ、狂歌師としても活躍するようになり、重三郎が刊行する狂歌絵本の常連となった。同時に戯作にも手を染めるようになり、例の『金々先生栄花夢』を著して黄表紙の大きなムーブメントを生み出し、その中心となって続々と黄表紙を出版していった。

だが案の定、春町は老中の松平定信から直接呼び出しを受けてしまう。

しかし、病気を理由に春町は出頭を拒んだのである。そしてその直後、春町は死去してしまった。

史料が残っていないので断言はできないが、重臣である自分がお咎《とが》めを蒙《こうむ》り、自藩に迷惑がかかるのはまずいと考え、自死した可能性が高いとされる。

春町が詠んだとされる辞世の句からも、そのにおいがどことなく漂ってくる。

「我も万た（また）　身はなき（無き）ものとおもひしが　今ハのきハ（今際の際）ハ　さ比し（寂し）かりけり」

幕府の譴責《けんせき》を覚悟して戯作者としての意地を通した春町だったが、いざ死を前にして、黄表紙で一世を風靡《ふうび》した日々を思い、一人死んでいくことに一抹の寂しさを覚えたのかもしれない。

さて、ここで一つ、驚きの説を紹介したい。

先の浜田義一郎氏は、『よしの冊子』の記事に、『鸚鵡返文武二道』は春町の作ではなく、春町の名を借りた藩主・松平丹後守《たんごのかみ》（信義《のぶよし》）が書いたものだという噂が載っており、「このような噂があるということは、丹後守にとって非常な不名誉であり、責任者の春町すなわち倉橋寿平は臣下として窮地に陥ったはずである。寿平は養子だから老いた養父にもひどい不面目を与えたわけで、君に不忠、親に不孝、これは自殺が当然であろう」（『随筆百花苑　第六巻』付録）と述べている。なお、「春町の死後、高は半減されて六十石となり、二ヵ月後の九月九日に養父の倉橋忠蔵が死んだのも、倉橋家の受けた痛手の大きさを示すといえよう」（前掲書）と推察している。

いずれにせよ、これまで自由に戯作者に物を書かせ、その作品を公刊してきた版元たちにとって、こうした思想弾圧は衝撃的な出来事だったに違いない。

寛政二年五月、さらに幕府は、俗にいう出版統制令を出した。

「草双紙などの新規の出版は認めない。どうしても必要な場合は町奉行所の許可がいる。政治や世相について刷り物を頒布することも許さない。淫らな内容や異説を書いた本は厳重に取り締まる。好色本は絶版とする」といった内容である。

ただ、老舗の版元はこれまで似たような経験をしており、どう対処すべきかをある程度心得ていた。ようは、やむなく忖度する方向へ舵を切ったのである。

対して一代で成り上がった蔦屋重三郎には、そうしたノウハウはなかった。とはいえ、他の版元をまねることもできた。書籍の種類や内容など出版物の方向性を変え、御上に従う姿勢を見せるのだ。

しかし、不敵にも蔦屋重三郎は、町人の山東京伝などとタッグを組んで、出版統制令の発令後も、次々と政治を風刺する黄表紙を出版していったのである。

寛政の改革によって苦境に陥る吉原遊廓

こうした行動に出たのは、重三郎が倹約や思想統制によって、人びとの経済活動を縮小させ、江戸っ子の気風を萎縮させる松平定信に対し、強い反発を覚えていたからだと思われる。

それは、本業の本屋に対する抑圧だけではない。吉原への圧迫にも怒りを感じていたことだろう。重三郎の生まれ育った吉原は、彼にとって大切なスポンサーがいる聖地であり、本の販路であり、作家や絵師とのコネクションを築く社交場だった。それだけではない。私はそもそも重三郎は、斜陽化しつつあった吉原を回復させるべく、廓内の有力者たちが出版界に送り込んだホープだと考えている。あんなに若くして業界でのし上がれたのは、彼の才能に期待して吉原の人々がバックアップしたからだと思う。そんな重三郎にとって大事な吉原遊廓を、定信は苦境に陥れたのである。

じつはこの時期、吉原は厳しい経営を強いられていた。

田沼時代の天明四年（一七八四）四月、吉原は火事で全焼してしまった。このため、通常営業に戻れたのは、翌五年八月のことであった。ところがなんとまた、火事に遭ったのである。天明七年十一月のことだ。吉原角町の茶屋「五郎兵衛」の屋敷から出火し、再び吉原は全焼してしまったのである。

火事で遊廓の建物群が焼失してしまった場合、再建までのあいだ近隣（閣外）での仮営業が許されてきた。天明四年の火事でも、しばらく別の場所で営業がなされていた。ところが翌天明五年に吉原での本営業が再開された直後に、またも火事に見舞われたのだ。さすがにこれは、吉原にとって経済的な痛手であった。

しかも今回は、前回とは状況が大きく違った。風紀の乱れにうるさい松平定信が政権を握っていたからだ。だから吉原側が町奉行所に対して遊廓復興までのあいだの仮営業を伺い出たところ、奉行所の役人からは「この時節柄なので、認められないのではないか」というつれない返事が返ってきた。

しかし町奉行所から幕閣に伺い出たところ、「不便成事故《なることゆえ》先規之通仮宅クルシカルマジキ」（『随筆百花苑　第八巻』）と意外にも許可されたのである。きっと吉原関係者はホッとしたことだろう。

こうして前回同様、浅草寺の寺領である並木町で仮営業をおこなうことに決め、いくつもの家主と賃貸契約を結び、窓に格子を設置するなど準備を進めていたところ、突如、上野寛永寺の役人が吉原側に対し「並木町の屋敷に一切遊女を置くことは認めない。すぐに出ていけ」と命じてきたのである。実は当時、浅草寺を支配していたのは、上野寛永寺だった。

仕方なく、吉原側は数日の猶予をもらって撤収することになったが、すでにいくつもの家主に手付金を払ってしまっており、その金は戻ってこなかった。

『よしの冊子』によれば、困った吉原側が幕府に再建までの間の仮営業について相談したところ、「南は品川、北は千住まで出向いて営業すればよい」という返事が戻ってきたという。しかしそれでは、あまりに距離が遠すぎる。大いに閉口した吉原側は、「そういうことならなるべく早急に建物を普請しますが、それまでの間、どうか江戸府内で営業を認めてほしい」と哀願した。結果、幕府は「ならば、両国近辺での営業を認めるが、旅宿などでの客取りは許さない。小屋掛けなど簡素な掘っ立て小屋で営業し、早々に吉原遊廓を再建して通常営業に戻れ」と通達されたのだった。こうして両国や中洲《なかす》へ移ったものの、仕事場は粗末な小屋掛けだったので、遊女屋は大いに難儀したという。ずいぶんと酷《ひど》い話だ。

火事のあった天明七年、重三郎は山東京伝を作者として仮営業中の吉原遊廓に関する洒落本を緊急出版している。その内容だが、仮宅での営業という状況に戸惑いながらも、女たちが吉原の遊女としてのプライドを失わず、心意気を示すというものだった。

おそらくこの本は、苦境に立った遊廓に客を集めようという吉原の宣伝マン重三郎の支援策だったと思われる。

ただ、この頃から吉原は火の消えたようになって寂れ始めていった。「遊所（女）屋或ハ芝居抔《など》前々之様ニ賑ニハ無之候由。武士はソレゾレニ身を慎《つつしみ》候故《ゆえ》、女郎屋抔ニても芸者抔を揚《あげ》てアマリ騒ぐ事も無之」（『随筆百花苑　第八巻』）

このように武士は身を慎めという定信の命令が浸透し、歌舞伎の芝居小屋同様、吉原から賑わいが消え、芸者を揚げて騒ぐお大尽もいなくなってしまったのである。『よしの冊子』には、吉原の仮宅に遊びに来た旗本が「俺の姿を見てくれ。袖口も小さく、羽織も短く、帯も地味な黒になったろう。諸事、越中様（定信）風だ。これがいまの通人というものだ」と自慢しながら遊女と寝床に入ろうとすると、遊女は旗本の姿を見て「おやおや褌《ふんどし》まで」と言ったという話を書き留めている。褌まで倹約のため短くしているという意味に加え、六尺でなく三尺のものを越中褌というので、定信のことに掛けた皮肉になっている。さらに同書には、遊女たちも質素になり、十本差していた櫛《くし》も五本に減り衣装も質素になったという。これは改革の趣旨が徹底されたのに加え、武士も町人も遊びを控えるようになったので、手元が不如意になった遊女たちが着飾れなくなったのだと記している。

　研究者の八木敬一氏によると、吉原細見に寛政二年以降、「長屋」という文字が登場し、それによって「寛政末年にかけて、吉原に長屋が増えてゆく過程がわかる」（『日本書誌学大系72　吉原細見年表』青裳堂書店　所収「付論」）という。それは、「寛政改革により廃絶された岡場所などから一度に大勢の女達が吉原に送られ、その女達を収容するためには既成の見世だけでは足りず、急いで長屋が作られたものと考えられる」（前掲書）そうだ。岡場所というのは、幕府非公認の私娼窟《ししょうくつ》（売春地帯）のことである。まじめな松平定信は、その主たる岡場所を摘発し、そこで体を売っていた女たちの多くを吉原へ送ったのだ。このため吉原遊廓の女の数は膨れ上がり、ただでさえ客が少なくなっているのにますます不景気になってしまったのだ。しかも取締りは徹底しておらず、江戸近郊には多くの岡場所が運営を続けていた。そうしたなか寛政七年、吉原の運営に関する細かい規則集『寛政規定』が出されたのである。これにより遊廓への入場者に対する詮議もかなりうるさくなったことで、ますます吉原から客足が遠のき、岡場所が流行した。しかも岡場所とは異なり、吉原は幕府に莫大な上納金をおさめなくてはならない。このように寛政の改革のために吉原は経営危機に陥ってしまったのである。

こうした状況は、吉原細見や遊女評判記、洒落本など吉原で収益を上げ、吉原外交で人脈を築いていった蔦屋重三郎にとっては、憤懣《ふんまん》やるかたない気持ちだったろう。

無名だった山東京伝が一躍脚光を浴びたきっかけ

絵師としての才能を山東京伝（北尾政演）という人物のなかに見ていた重三郎だったが、迂《う》闊《かつ》にも戯作者としての才能は重視していなかった。

ちなみに京伝がいつから作家として活動するようになったかは、じつははっきりしていない。安永七年（一七七八）に出版された黄表紙『開帳利益札遊合《かいちょうりやくのめくりあい》』は挿絵だけでなく、文章も京伝が書いたという説があるが、否定する研究者も少なくないからだ。もし『開帳利益札遊合』の文章を京伝が書いたものなら、このとき彼は十八歳。いまでいえば高校三年生ぐらいなので、かなりの早熟といえるだろう。

確実な京伝の初作は、それから二年後の美人の仇討ちを描いた『娘敵討古郷錦《むすめかたきうちこきょうのにしき》』と町人幸吉《こうきち》とおよねが駆け落ちして饅頭屋を開いて成功する『米饅頭始《よねまんじゅうのはじまり》』だとされる。二十歳のときの作品だ。これが好評だったのか、翌年（天明元年）から作家活動も本格化させた京伝は、立て続けに黄表紙を刊行していった。そして翌天明二年に出版した『御存商売《ごぞんじのしょうばい》物《もの》』が四方赤良（大田南畝）から高い評価を受けたのである。

文芸界の大家である赤良は、天明元年に黄表紙の評判記（ランキング・批評本）『菊寿草』を出版しており、重三郎が刊行した朋誠堂喜三二の著作、さらに版元として耕書堂が高い評価を受けたことはすでに述べた。

その翌年にも赤良は『岡目《おかめ》八目《はちもく》』（黄表紙の評判記）を出版、同書のなかで京伝作の黄表紙『御存商売物』を最高位にランクづけしたのである。

研究者の佐《さ》藤至子《とうゆきこ》氏によれば、赤良の評判記の「作品評価の基準は、作品に読者の意表をつく滑稽性（おかしみ）があるかどうかであった。高く評価されているのは、非現実的な趣向に基づく荒唐無稽な筋立てを持ち、かつ同時代に即した内容の作品である」（佐藤至子著『山東京伝』ミネルヴァ書房）とし、赤良は「当時の黄表紙に単なる洒落本の絵解きのような内容のものが多くなっているのを危惧し、非現実的な趣向こそ黄表紙らしいものと考えていた」（前掲書）とする。

では、赤良が最高位とした京伝の『御存商売物』はどんな話なのか。簡単に紹介しよう。冒頭でこの本の作者だと名乗る人物（京伝）が登場し、「私は戯れに草双紙の絵を描いている者だが、いまだ子供たちになじみが薄い絵師なので、何か面白いものをご覧に入れようと考えていたところ、初夢で怪しい夢を見たので、ある版元にそれを話しにいった」と、あくまで夢であることを強調したあと、荒唐無稽な話に入っていく。

本を手がける絵師や作家自身が物語に登場するのは、当時としてはよくある手法だった。ちなみに『御存商売物』では、本や印刷物を擬人化して物語を進めていった。この方法も鎌倉時代から存在し、江戸時代にとくに流行った。いまでも『刀剣乱舞』や『ウマ娘』など、擬人化したキャラクターが活躍するゲームや物語は多いので、日本人好みの手法なのかもしれない。

さて、『御存商売物』のあらすじである。

当時、出版界で大きな力を持っていたのは上方の版元。そんな上方から下ってきた八文《はちもん》字屋《じや》の読本や行成表紙《こうぜい》の絵本などが、江戸の赤本や黒本と結託し、大人気となっていた黄表紙や洒落本を貶めようとする話だ。当時は、黄表紙や洒落本の流行によって、赤本と黒本は江戸で廃れてしまっていた。お話では、『源氏物語』や『唐詩選』といった格上の書籍が仲裁に入り、赤本や黒本は綴じ直され、八文字屋本などは下張りにされてしまうという結末であった。

いずれにせよ、戯作者としては無名に近かった山東京伝は、『御存商売物』が赤良の『岡目八目』で高評価を得たことで、にわかに注目を浴び、人気作家に成り上がったのである。

『御存商売物』の版元は、重三郎のライバルともいえる地本問屋の老舗・仙鶴堂《せんかくどう》の主人・鶴屋喜右衛門（三代目）であった。もともと仙鶴堂は、京都の書物問屋が万治年間（一六五八〜一六六一）に江戸に出店したのが始まりで、これまで多くの書籍や浮世絵を発行していた。店は重三郎と同じ通油町にあった。

以後、山東京伝は鶴屋（仙鶴堂）の専属作家となって、次々とヒット作を飛ばすようになる。鶴屋喜右衛門も「してやったり」という思いだったろう。

喜右衛門も重三郎に負けず劣らずのヒットメーカーで、重三郎亡き後、京伝の戯作を多く扱うとともに、曲亭馬琴や柳亭種彦《りゅうていたねひこ》の売り出しにも成功している。絵画の分野でも、歌麿や歌川国貞の浮世絵を大ヒットさせたり、保永堂《ほえいどう》と共同で歌川広重《うたがわひろしげ》の「東海道《とうかいどう》五十三次」を刊行して空前の錦絵風景画のブームを巻き起こしたりした。

洒落本で京伝を売り出す蔦屋重三郎

天明二年に京伝が黄表紙の戯作者として注目を浴びたことを、指をくわえて見ている重三郎ではなかった。

重三郎は狂歌本で儲けようと、天明元年から四方赤良に接近し、交流を深めたことは前述のとおりだが、翌天明二年十二月、重三郎は赤良と恋川春町を連れて吉原の大文字屋へ繰り出した。このさい、山東京伝もその場に同席している。

このときが赤良と京伝の初対面だったかどうかはわからないが、佐藤至子氏によると、翌三年、重三郎は京伝に吉原の芸妓画集『青楼名君自筆集《せいろうめいくんじひつしゅう》』を描かせたが、翌年にそれを画帖『新美人合自筆鏡《しんびじんあわせじひつかがみ》』に仕立てるさい、赤良に序文を書いてもらっている。

赤良が戯作者として京伝の名を高からしめたことにあやかり、今度は絵師としての北尾政演（京伝）の名も彼に高めてもらおうと考えたのかもしれない。

ちなみに京伝は、『新美人合自筆鏡』のなかで扇屋の人気遊女である滝川《たきがわ》と花扇《はなおうぎ》を並べて対照的に描いたが、それは、遊里に通じているからこそできる技であったという。先の佐藤氏は、「京伝は扇屋の主人墨河と親しく、花扇と滝川が競い合っていたことをよく知っていた。『青楼名君自筆集』（『新美人合自筆鏡』）は、京伝がそのように間近く接した遊女たちを描いたものなのである」（『山東京伝—滑稽洒落第一の作者—』）と述べる。

天明五年になって京伝は、ようやく重三郎の戯作依頼を引き受けるようになった。この年、京伝は『息子《むすこ》部屋《べや》』という洒落本を耕書堂から刊行しているが、洒落本としては記念すべき京伝の処女作であった。

改めて解説すると、洒落本というのは、遊廓での出来事を題材とし、遊女との恋愛模様や遊里の様子を、男女の会話中心に描いた小説のことである。とくに「うがち」と呼ばれる、いわゆる一般人には知られていない遊里の裏事情や意外な事実、遊女の込み入った事情などが写実的に描写されるところに洒落本の特徴があった。また、「通」といって、さばけていて人情に明るく、遊里事情をよく知る人物、つまり、やぼではないことが洒落本の登場人物としては善とされた。

さて、この洒落本だが、『国史大辞典』によると、「江戸吉原の遊里の情景風俗などを漢文で叙述し、遊女屋と遊女の名寄せ細見風のものを加えた享保十三年（一七二八）の『両《りょ》巴《うは》巵《し》言《げん》』（撃鉦《どらうつ》先生作）が洒落本の始祖とされるが、やがて、声色物真似芸の示唆を受け、また浄瑠璃の文体や歌舞伎狂言本のト書きの形をとり入れて、会話中心の新文体による写実描写技法が確立された」という。

だが、こうした洒落本は当初、本屋（草双紙屋）の店頭に並べて売られたわけではないようだ。研究者の鈴木俊幸氏の見解によれば、遊里を描いた「あやしげで、いかがわしいとさえ言える書籍」（鈴木俊幸著『新版　蔦屋重三郎』平凡社ライブラリー）は、作者も版元も正体を明らかにしないのが一般的だった。「作名は一回限りの使い捨て」（前掲書）で、一部の知識人たちが面白がって戯れに書いた文章を、仲間内で印刷したり、金を出して作らせたものだというのだ。それでも少数が貸本屋を通じて流通したらしい。

ところが「安永末から天明初年、洒落本の発行はいよいよ盛ん」（前掲書）になると、「開版は、半ば憚りつつも半ば以上は公然と行われ」、「固定した作名で続作を刊行し続ける者たちが多く登場する」（前掲書）ようになっていく。

そうしたなかで、蔦屋重三郎が参入してくる。重三郎は天明元年に初めて洒落本を出し、天明三年になると、喜三二、唐来参和、志水燕十《しみずえんじゅう》などの作品を次々と刊行していくが、やがてそうした作品のなかで重三郎は版元名を明らかにしたり、後序《こうじょ》を書いたりするようになったのである。これについて鈴木氏は、「地本問屋が『猥褻誨淫《かいいん》の小冊子』を堂々と刊行したことはなかった。ここに来て洒落本を取り巻いていた空気が一挙に変わってしまったことに感嘆を禁じ得ない。あの背徳の雰囲気はどこにいったのだろう。洒落本はすっかり日なたのものとなってしまっている。蔦重の登場が戯作を一変してしまったといってもよい」（前掲書）と評価している。

こうして洒落本を日の当たるジャンルに変えた重三郎は、どうしても黄表紙で売れっ子になった京伝に洒落本を書かせたいと考えるようになった。

『息子部屋』の序文にも「厚顔の作者の嘘をまとめた本書は、遊女屋の遣手が持っている巾着の代わりにもならないしろものだが、版元がしきりに乞うので与える」（佐藤至子著『山東京伝—滑稽洒落第一の作者—』）と記しており、重三郎に口説かれて京伝が本書を脱稿したのは間違いない。

重三郎は、京伝の文才のみを買ったわけではない。佐藤至子氏は、『息子部屋』の執筆は重三郎が「京伝の戯作者としての才能と、遊里見聞の経験を見込んで、洒落本執筆を勧めたのではなかろうか」（前掲書）と述べているように、じつは若い頃から京伝は吉原遊廓に入り浸っており、妻も二人とも吉原の遊女であった。

といっても吉原で遊ぶには金がかかる。父が家主のボンボンとはいえ、頻繁に登楼する金が京伝にあるはずはない。大名などのパトロンがいたのではないか、と佐藤氏は推察している。おそらく重三郎も、その一人だったに違いない。

そんな京伝だからこそ、外からはわからぬ遊廓の内情や遊女の秘密を知ることができたわけで、彼しか知らない「うがち」に読者は大いに喜ぶと重三郎は考えたのだろう。

『息子部屋』の出版は、京伝が話題になった天明二年から三年以上の月日が経っている。重三郎とて京伝の戯作は喉から手が出るくらい欲しかったろうが、鶴屋に対する仁義を重んじたか、鶴屋が京伝に他の版元から戯作を出さぬよう頼んだのだろう。

いずれにせよ、これまで鶴屋（仙鶴堂）に独占されていた京伝の戯作は、鶴屋縛りが解けたようで、この天明五年を境に蔦屋（耕書堂）から続々と刊行されるようになった。

同年、重三郎は『天地人三階図絵《てんちじんさんかいずえ》』、『八被般若角文字《はちかつぎはんにゃのつのもじ》』、『江戸生艶気樺焼《えどうまれうわきのかばやき》』と、立て続けに京伝の黄表紙も発刊している。三作のうち『江戸生艶気樺焼』は大ヒットとなり、京伝の代表的な黄表紙となった。挿絵も京伝が描いているが、そのタイトルは、「江戸前の鰻の蒲焼き」をもじったものだ。戯作の題名は多くがもじりなのだ。

その内容だが、金持ちの商家「仇気屋《あだきや》」の一人息子・艶二郎《えんじろう》は獅子鼻《ししばな》（団子っ鼻）の不細工な顔だったが、うぬぼれやで周りがおだてるものだから、その気になって色恋の世界で浮名を立てようと、悪い遊び仲間の北里喜之介《きたりきのすけ》やわる井志庵《いしあん》と相談し、さまざまな行動をとりはじめる。そのすべて、滑稽で馬鹿馬鹿しいのだ。もてたい一心で色男になるため、たくさんの入れ墨を入れて痛みを我慢したり、美人の芸者を五十両の大金で雇って恋人役になってもらい、「あなたと一緒になれないなら死にます」と自宅に駆け込んでもらい、それを大事件として世間に広めようと瓦版にしてばらまいたり、果ては吉原の遊女を身請けして心中しようとしたのだ。だが、心中のさい、追いはぎに襲われて丸裸にされてしまう。しかし実はこれ、愚かな息子をたしなめるため、父親が仕組んだものだった。こうして艶二郎はようやく我に返るというものだった。

『江戸生艶気樺焼』がヒットした要因を佐藤至子氏は「裕福な家の若旦那やなまけ者の若者が遊蕩する話を書いた黄表紙は他の作家によっても作られているが、京伝のうまさは、浮かれた主人公をあえて滑稽な容貌に描いたことにあった。もてる男を模倣するだけの艶二郎は、美男の対極にある滑稽な容貌を与えられたことで、理想と現実の不釣り合いが際立ち、読者の笑いを誘う存在になったのである」（前掲書）と見ている。

いずれにせよ、京伝は黄表紙にくわえ、洒落本の分野でも売れっ子作家に躍り出たのである。以後は耕書堂から多くの戯作を刊行するようになるが、『時代世話二挺鼓《じだいせわにちょうつづみ》』の冒頭には、『ここに絵草子の作者に京伝といふ者あり。毎年本屋から新板の趣向をせつかるるたびには、どうぞ体が二つも三つもあればいいと思ふに』云々という書き入れがあり、この頃の多忙ぶりがかいま見える」（前掲書）という。重三郎が相当京伝に無理を言って戯作を書かせていたことがわかる。それだけではない。その後も重三郎は京伝を絵師として重んじ、『吾妻曲狂歌文庫』、（天明六年刊）、『古今狂歌袋』（天明七年刊）などを耕書堂から出版していった。こうして山東京伝は、耕書堂のドル箱作家になったのである。

山東京伝の手鎖と蔦屋重三郎の処罰

だがこの頃、田沼意次が失脚して寛政の改革が始まり、表舞台から武士出身の戯作者たちが次々と姿を消していった。そんな寛政元年（一七八九）、石部琴好《いしべきんこう》が書いた黄表紙『黒白水鏡《こくびやくみずかがみ》』が絶版処分となり、作家の石部は手鎖（手錠をはめて過ごす）の刑に処せられたあと、江戸所払いになった。『黒白水鏡』が田沼意次の失政や意次の息子・意知が佐野政言に刺殺された事件を揶揄する内容だったからであろう。

石部は本名を松崎仙右衛門といい、江戸本所亀沢町に住む町人だった。武士ではない。しかし御用商人という日頃の武家との関係の深さから、罪を蒙《こうむ》ったものと考えられている。この『黒白水鏡』の挿絵を描いたのは北尾政演、つまり山東京伝だった。

じつは京伝も『時代世話二挺鼓』で同じような内容の黄表紙を書いているのだが、なぜかお咎めを受けることはなかった。京伝が完全な町人だったからか、それとも書き方が巧みだったのか、そのあたりはよくわからない。いずれにせよ、『黒白水鏡』では挿絵を描いたことで、京伝も石部に連座して過料（罰金）を支払うはめになってしまった。

これにショックを受けたようで、翌寛政二年になると、京伝は断筆すべきかどうか悩むようになった。この年、三十歳になった京伝は、扇屋の遊女・菊園と夫婦になっており、身を固めたことも引退を考えるきっかけになったのかもしれない。

佐藤至子氏は、「京伝の黄表紙にも変化が現れ始める。寛政二年刊行の作品には、改革の趣旨に即した教訓を示したり、理屈臭さを趣向としたりするものがいくつかある」「寛政二年刊行の著作に共通して言えることは、幕府の学問奨励の政策に順応してゆく姿勢が見られることである」（前掲書）と弾圧を恐れて作風が変化したことを指摘している。同じく松木寛氏も「京伝は自らの戯作生活に嫌気がさし、断筆の決心をしたらしいのである。その一つの契機となったのは、前年の『黒白水鏡』への弾圧だったようだ。この作品によって作者の石部琴好は江戸追放となった」。「新妻との新婚生活を迎えた京伝の胸中に、暗雲が拡がり始めた戯作生活を回避する気持が湧いたとしても不思議ではない」(『蔦屋重三郎――江戸芸術の演出者――』)と推察している。

だが、そんな京伝に対し、重三郎は執筆を続けさせようと努力した。ドル箱スターを失うわけにはいかないし、京伝が筆を折ったら遊里文学たる洒落本が廃れ、そうなれば吉原の衰退にますます拍車がかかってしまう。これまで何度か述べてきたように、蔦屋重三郎の版元稼業の最終的な目的は、吉原遊廓の繁栄にあったように思われる。

このため、さまざまな手段を用いて重三郎は、京伝の執筆意欲を駆り立てようとしたに違いない。当然、京伝は吉原で接待をたびたびうけたろうし、かつて(天明八年)、重三郎と鶴屋喜右衛門らに伴われて日光山や中禅寺湖を旅行していた。現在と異なり、旅は大金が必要なのでそう気楽に行けるものではない。事実、京伝は生涯にこれを含めて二度しか旅行したことがない。おそらくこれは版元たちによる接待だろう。そうしたこれまでの恩《おん》誼《ぎ》や信義を思い、京伝も無下に断れなかったのかもしれない。

翌寛政三年に耕書堂から刊行した『箱入娘面屋人魚《はこいりむすめめんやにんぎょう》』の巻頭で京伝は、執筆を続けることになった経緯を、重三郎の言葉として次のように紹介している。

「作者京伝が申すには、『今までかりそめに拙い戯作を読者の御覧に入れてきましたが、こうした無益なことに月日や筆、紙を費やすことは、たわけの至りであります。殊に昨春などは世の中で悪い評議を受けました。これらのことを深く恥じまして、今年からは決して戯作の筆はとりません』と、私〔注――蔦重〕の方へも断って参りましたが、そうしたことでは読者のみなさまのご贔屓厚い私の店が立ちゆかなくなりますので、是非とも今年ばかりは執筆してくれるように頼んだところ、京伝も長い付き合いの私の頼みゆえ応じないわけにはいかず、決意をまげて執筆してくれました」（佐藤至子著『山東京伝―滑稽洒落第一の作者―』）

このように、重三郎の泣き落としに京伝は負けたというのだ。ただ、それだけではないように思える。かなりの原稿料収入も、断筆できない理由の一つだったのではなかろうか。

馬琴によれば、寛政七、八年になって初めて、重三郎は京伝に潤筆《じゅんぴつ》（原稿料）を払うようになったという。が、研究者の佐藤至子氏などはもっと早く、天明五、六年ぐらいから支払っていたのではないかと考えている。

これを聞いて、改めて驚いた読者も多いと思う。じつは当時、戯作者に対して原稿料は支払われていなかったのである。もちろん、印税という制度もない。版元は執筆者に対し、彼らを遊里などに伴い饗応しており、それが謝礼がわりだったのだ。

前述のとおり、戯作者や絵師の多くは武士だったり、裕福な町人だったりするので、これで十分だったのである。そもそも、蔦屋重三郎が登場する前まで、洒落本や狂歌本などは仲間内で製版・出版するのが一般的で、発行部数が少ないから、貸本屋は儲かったかもしれないが、まともな版元はとても商売にならないと手を出さなかったのだ。たとえば安永九年（一七八〇）に刊行された滑稽本に『古朽木《ふるくちき》』がある。金持ちの子が吉原に桜を植えようとして失敗する笑い話や桃太郎などの話が書かれている。桃太郎などは、川に洗濯に行ったおばあさんが上流から流れてくる桃を二つに割っておじいさんと食べると二人とも若返ってしまい、子作りに励んで生まれた子が桃太郎だと記されている。

この『古朽木』の作者は、売れっ子作家の朋誠堂喜三二、挿絵は恋川春町。しかし馬琴によれば、この本は西村伝兵衛（馬琴は蔦屋重三郎と勘違い）が出版したところ、わずかに三、四十部しか売れず、大量の売れ残り本はお蔵入りとなり虫（紙魚《しみ》）の住処となっていると語る。極端な例かもしれないが、本を発行しても版元はさして儲からなかったのである。

ところがそれから十年と経たずに喜三二が出した黄表紙『文武二道万石通』とその続編を意識して春町が書いた『鸚鵡返文武二道』の二書はすさまじい売れ行きを示した。このため両書の版元である蔦屋重三郎のもとには、あちこちの小売店の者たちが朝から晩まで詰めかけ、市場のような活況を呈した。本を製本する時間もなく、刷り上がったぬれたままの紙に、表紙と製本用の糸を添えて小売りに売り渡すほどだったという。本は正月に売り切るのが常だが、重三郎は両書をその春三月まで町々を回って売り歩くほどになったという。

さらに、京伝の黄表紙や洒落本は、一万冊あまりも売れるようになった。これまでとは比較にならない部数であり、版元は大もうけできた。そこで重三郎は、鶴屋喜右衛門と相談し、京伝に原稿料を支払うことに決め、二者で彼の作品を独占したのだろう。

つまり、作家に原稿料を支払う習慣は重三郎が始めたわけで、このシステムの変更も日本の出版史において画期的なものだった。実際、寛政三年に刊行した山東京伝の洒落本『仕懸文庫《しかけぶんこ》』などに、重三郎が謝礼を払った記録が残っているそうだ。

いずれにせよ、重三郎と京伝は信義だけでつながっているわけではなく、金銭関係でもつながっていたのである。そんなことも、耕書堂の仕事を無下に断れなかった一因だと考えられる。

こうして翌寛政三年、山東京伝は耕書堂から『仕懸文庫』、『錦之裏《にしきのうら》』、『娼妓絹籭《しょうぎきぬぶるい》』などの洒落本も出版した。

なお、口の悪い馬琴は、これに関して「蔦屋重三郎が利益を得たいがために、山東京伝をそそのかして洒落本を書かせた。しかも、その表紙を教訓読本のように見せかけたのである」と言っている。この場合の教訓読本というのは、石田梅岩《いしだばいがん》が町人に広めた心学《しんがく》についての本のことである。当時、この心学という道徳が大流行しており、松平定信もその思想を讃えていた。つまり、重三郎は教訓読本に見せかけた洒落本を出すことで、あえて心学の流行を茶化し、さらには松平定信を愚弄したのである。しかし幕府も馬鹿ではない。中身を見れば教訓書ではなく、遊里を描いた洒落本だとわかる。このため、同年夏、町奉行の初鹿野河内守《はじかのかわちのかみ》は、これらの洒落本の刊行を許可した地本問屋行事二名、版元の蔦屋重三郎、作者の山東京伝を呼び出した。馬琴によれば、「昨年から発令している出版統制令に従わず、遊里のことをつづり、あまつさえ教訓読本と称して印刷出版したのは不埒である。儲けに目がくらみ、ご禁制を忘れたことは不調法至極。後悔し、恐れ入りなさい」と述べ、三書は絶版とされ、行事二名は軽追放、作者の京伝は手鎖五十日となったのである。そして重三郎は、財産の半分を没収されたという。ちなみに行事二名は裏長屋住まいで冊子の製本を生業にしている者たちで、版元の重三郎の依頼を断れずに出版を許可したらしい。

ともあれ、さすがに重三郎にとっても、この処罰は青天の霹靂《へきれき》だったはずだ。というのは、これまで戯作の自粛を迫られたり、処罰されたりしたのは、いずれも武士か武家と関わりの深い御用商人出身の作家たちだったからだ。

ただ、松平定信としては町人といえども、幕府の政道を暗に批判し、風紀をみだす輩《やから》を放置しておくことはできない。そこで、日の出の勢いで出版界を席巻しつつあった版元と戯作者を叩くことで、町人たちの頭を押さえ込もうともくろんだのだと思われる。いわば、見せしめにされたのである。

これに懲りたのだろう、しばらく山東京伝は、洒落本の執筆は止めてしまった。

なお重三郎が罰せられたのは、黄表紙の出版は表向きの理由で、幕府が華美な本を出すなと言っているのに、平然とこれを無視して多色刷りの狂歌絵本を出し続けたからだとする説もある。だが、重三郎に関しては、馬琴が「板元は元来大腹中の男なりければ、さのみ畏《かしこま》りたる気色なかりし」（『近世物之本江戸作者部類』）とあるように、まったく落ち込む様子もなく、その年の刊行物は少なくなったものの、翌寛政四年も十数冊の書籍を出版している。しかも、かつて大ヒットとなった京伝の『江戸生艶気樺焼』を始め、京伝の黄表紙の再摺本を、他社から買い取ったものも含めて何冊も刊行しているのだ。また、翌寛政五年になると、京伝の新作黄表紙を出版したのだ。同年に刊行された京伝の黄表紙『堪忍《かんにん》袋緒〆善玉《ぶくろおじめのぜんだま》』の冒頭では、京伝の書斎に押しかけた重三郎が、「たとえ足をすりこぎにし、声をからしても、ぜひ京伝先生の新作が欲しい。偽作は受け取りません」と口説く場面が描かれている。

まさに心臓に毛が生えたような大胆さといえる。

一方、京伝は黄表紙に対する創作意欲を次第に失ってしまう。そして以後は、読本など真面目なジャンルに転じ、晩年は考証学に力を入れ、『近世奇跡考』や『骨董集』などを執筆、文化十三年（一八一六）に死去したのである。

ちなみに、手鎖の刑が解除された直後、京伝に弟子入りを求めてきた人物がいた。

それが、曲亭馬琴であった。

馬琴は、滝沢興義《たきざわおきよし》の五男として明和四年（一七六七）に江戸深川で生まれた。

興義は旗本・松平鍋五郎信成《なべごろうのぶなり》の家来で、その家政を取りしきる能吏だったが、禄は二十五俵五人扶持の薄給であるうえ、安永四年（一七七五）、突然、盥《たらい》一杯の血を吐いて急死してしまった。

すると松平家では、滝沢家の禄を召し上げてしまう。

このため馬琴の長兄・興旨《おきむね》は、旗本・戸田大学《とだだいがく》の用人となって松平家を離れ、次兄の常三郎も十二歳で旗本・蒔田蓮三郎の家来である高田均平の養子に入った。

また、母のもんも興旨に付いていってしまったので、馬琴だけが松平家に残されることになり、彼は十歳で鍋五郎の孫で二歳年下の八十五郎《やそごろう》の小姓として仕えることになったのである。

ところが、この八十五郎がひどく粗暴な幼君で、堪えかねた馬琴は十四歳のときに「木枯らしに思ひたちけり神の旅」という一句を残して松平家を飛び出した。

その後は長兄・興旨のもとに転がり込み、医者を志すようになったが、やがて挫折する。

さらに興旨が仕えていた戸田家の下士となったが長続きせず、その後も、あちこちで武家奉公するがうまくいかず、ついに兄のもとを離れて放浪の身となったのである。

仕事がうまくいかないのは、どうやら馬琴の生来の傲慢さと頑固さのせいらしい。

結局、馬琴は武家奉公はあきらめ、子供の頃から好きだった俳諧や狂歌の分野で名を上げようと思い立った。こうして俳諧師の道を目指したものの、なかなか生計が立たない。そこで二十四歳のとき、今度は洒落本作家として名を成そうと、山東京伝のもとを訪れたというわけだ。

京伝は聡明《そうめい》な馬琴を気に入り、自宅に居候をさせてやり、翌年から黄表紙の代作を馬琴にまかせるようになった。三カ月近く京伝は手鎖の刑で籠居していたので正月の新作本が間に合わないということで、黄表紙の『竜宮《たつのみやこ》壜《なまぐさ》鉢木《はちのき》』と『実語教幼稚講釈《じつごきょうおさなこうしゃく》』は馬琴の代作だった。

二十六歳のとき、馬琴は京伝の世話で蔦屋重三郎の屋敷（耕書堂）に住み込み、手代（社員）となったのである。馬琴が耕書堂の手代になった経緯だが、京伝の弟・京山《きょうざん》によれば（『蛙鳴秘鈔《あめいひしょう》』、『蜘蛛の糸巻』より）、重三郎が京伝の家に来たさい、食客になっていた二十六歳の馬琴を見かけた。ちょうど店の金を使い込んだ年配の手代に暇を出したところで、新たな手代が必要になっていたので、重三郎が京伝に「もし帳簿が付けられるなら、あの男をうちで雇いたい」と申し入れたのだという。すると京伝は、「あいつは、酒は飲まず、文章がかけ、戯作もつくれる。ちょうどよいだろう。けれど、きちんと保証書をつくるなど手続きを踏んでくれなければ斡旋はできない」と答えたので、重三郎はそれを了解した。そこで京伝が馬琴にこの話をしたところ、作家になりたいと考えていた馬琴は大いに喜び、耕書堂の手代になったのだという。

といっても、どうやら重三郎は馬琴を特別扱いし、著述の時間を与えてくれたので、『花団子食家物語《はなよりだんごくいけものがたり》』、『鼠子婚礼塵劫記《ねずみこんれいじんこうき》』などを執筆、刊行することができたのである。

馬琴という筆名は、寛政五年（一七九三）から用いるようになった。馬琴の話によれば、重三郎は馬琴に原稿料を出してくれたという。京伝の代作の出来ばえを見て重三郎も馬琴の才能に目をつけたのだろう。馬琴の売り出しには、京伝も積極的に協力した。馬琴の作品の序文も引きうけてやり、『鼠子婚礼塵劫記』の序には『曲亭何がし、嚮《さき》に予が隠れ里ひとつ穴に寓居し、ひとつ皿の油を嘗《なめ》て友としよし』と記し、馬琴が大切な友であり、苦しいときに同居して代作をしてくれたことを暗にほのめかした。こうした後押しがあって寛政八年に出版した『四遍摺心学草紙《しへんずりしんがくそうし》』はかなりヒットし、ようやく馬琴の名が知られるようになった。ただ、作家業だけでは生活できなかったので、これより三年前、友人の山田屋半蔵の世話で、馬琴は下駄を商う伊勢屋《いせや》の未亡人・会田お百《ひゃく》と結婚した。馬琴、二十七歳のときのことである。ちなみに山東京山は（『蛙鳴秘鈔』、『蜘蛛の糸巻』より）、馬琴を伊勢屋と縁組みさせたのは蔦屋重三郎だったと語る。新参者ながら馬琴は重三郎から特別待遇を受けており、耕書堂の同僚たちの妬みを買うようになった。そのうえ馬琴も尊大な態度をとったのでますます店員たちと不和になっていった。ちょうどそんなおり伊勢屋の未亡人との入り婿の話があると耳にし、馬琴に話したところ本人も乗る気になったという。そこで重三郎は店での状況を京伝に話し、「暇をやるのは気の毒なので、少し金をあげて、馬琴が伊勢屋の婿におさまるようにしてやりたい」と語った。京伝も喜び、馬琴に重三郎の恩を語り聞かせて伊勢屋に婿入りさせたというのである。

「墨川亭雪麿の話に、重三郎は頗る俠気あり、文才ある若物が、道楽で身を持ちくづしたのを、引き取り、財を散ずるに厭な顔をしなかつた」(小島烏水著『浮世絵と風景画』前川文栄閣)とあるように、とても太っ腹で、才能がありそうな若者がいれば、喜んで彼らの面倒を見てやり、仕事を与えて作家や絵師としてデビューさせていた。そんな度量の大きい重三郎も、偏屈で傲慢な馬琴を店に置いておくことの経営上のデメリットに悩み、どうにか彼を耕書堂から引き離したいと考えていたようだ。

明治・大正時代に活躍した小島烏水《こじまうすい》(文芸評論家で浮世絵収集家)は、馬琴について「蔦屋の叔父が、新吉原で引手茶屋を始めたので、その婿になれと勧められたのを断つてから、気まづくなり、蔦屋を辞してしまった」（前掲書）と述べている。その出典がはっきりしないが、事実だとすれば、伊勢屋に婿入りする前から、重三郎は巧みに馬琴を耕書堂から引き離そうとしていたわけだ。口の悪い馬琴だが、『近世物之本江戸作者部類』で重三郎を殊の外おとしめているのは、やはり二人の間には何らかの確執があったのだろう。

このお百という女は馬琴より三歳年上で、不細工なうえ癇癪《かんしゃく》持ち、性格も良くなかった。そのうえ、家には姑がいた。が、生活のためには、この結婚は仕方のない選択だった。伊勢屋は大家の株を持ち、二十軒ほどの長屋も管理していたので年に二十両ほどの副収入があった。婿入りすれば、必死に働かなくても十分暮らしは立つようになるのだ。

ただ、馬琴は武士出身だというプライドが高く、やがて下駄販売を縮小し、手習いの塾をはじめ、時間の許すかぎり執筆に力を入れた。

重三郎に世話になって後に才能を開花させた戯作者は、馬琴だけではない。享和二年（一八〇二）に弥次喜多《やじきた》珍道中で有名な『東海道中膝栗毛《とうかいどうちゅうひざくりげ》』を出して大ヒットした十返舎一九《じっぺんしゃいっく》もその一人である。十返舎一九は本名を重田貞一《しげたさだかつ》といい、明和二年（一七六五）に駿河国府中に生まれたといわれる。父母の名は全くわかっていない。一説には八王子千人同心（武蔵国多摩に散在する半農半士）の家柄だという。二十代前半に大坂町奉行の小田切直年《おだぎりなおとし》に仕えて大坂にいたが、後に辞して材木商の娘婿になったものの、やがて離縁して各地を流浪したのち江戸に来て、寛政六年から蔦屋重三郎の食客となったという。大坂にいた頃から戯作活動をしていたようで、寛政元年（一七八九）初演の浄瑠璃『木下蔭狭間合戦《このしたかげはざまがっせん》』は、若竹笛躬《わかたけふえみ》と並木千柳《なみきせんりゅう》とともに一九が合作したものだといわれている。このときは近松余七《ちかまつよしち》と称していた。

耕書堂では、錦絵に用いる奉書紙に絵の具がにじまない液体を塗る仕事をしていたが、翌寛政七年になると、重三郎は早くも一九に『心学時計草《しんがくとけいぐさ》』など三冊の黄表紙を書かせている。このおり一九は、文章だけでなく本の挿絵も描いた。もともと『心学時計草』の構想は石川雅望によるもので、雅望が一九を用いるよう重三郎に勧めたのだと馬琴は語る。ちなみに『心学時計草』という書名は、先述のとおり石田梅岩が始めた心学をもじったもので、実際には吉原の昼夜十二時の出来事を綴った内容だった。出版統制令にひっかからぬように「心学」と題したわけだが、重三郎だけでなく、この時期、同じく「心学」と題した草双紙が多数出版されていた。だが、その嚆矢《こうし》は一九の『心学時計草』なのだと馬琴は言う。

なお、一九をプロデュースした重三郎は寛政九年に死没しているので、二人の付き合いはわずか三年ほどに過ぎなかった。周知のように一九はその後、滑稽本『東海道中膝栗毛』を著して爆発的なヒットを飛ばし、一躍人気作家となっていった。重三郎に見いだされなければ、後の一九の活躍はなかったかもしれない。ちなみに『東海道中膝栗毛』は、あまりに売れすぎて、その後、二十年間にわたって一九は膝栗毛シリーズを書き続けた。版元は村田屋治郎兵衛《むらたやじろべえ》だったが、もし重三郎が生きていれば、きっと耕書堂から刊行されたに違いない。

さて、話を元に戻そう。

京伝とともに、彼の本を出版した版元の重三郎も、出版統制令に抵触して処罰された。四十一歳のときのことだ。

ただ、身上半減の闕所《けっしょ》という罪状は、後の曲亭馬琴の記録がもとになっているが、どうも近年は、それは間違いではないかといわれている。

幕府の見せしめとなって処罰されたのは確かだが、罰金刑で済んだというのが本当のところらしい。しかも重三郎にどれだけのダメージを与えたかも不明である。

ただ、それからも意欲を失わず、版元としての活動を続けているので、立ち上がれないほどの損害を蒙ったわけではないのかもしれない。

これまで述べてきたように、重三郎という男は、文芸界や絵画界の大家を巧みに籠絡するだけでなく、磨けば光る若き原石を見逃さなかった。絵師の喜多川歌麿もその一人だった。

幕府のお咎めを受けた翌年（寛政四年）から、重三郎は己が育ててきた歌麿を用いて、豪勢な美人画を描かせ、起死回生の勝負に出たのである。

そうしたなか、まさかの松平定信が老中を罷免され、寛政の改革が頓挫したのである。

Ⅲ

歌麿・写楽・北斎らを次々に世に送り出す

松平定信が失脚するも、統制はしばらく続く

寛政元年（一七八九）、尊号《そんごう》一件が起こった。

朝廷が武家《ぶけ》伝奏《てんそう》（朝廷と幕府をつなぐ役職。公家が就任）を通じて、「光格《こうかく》天皇の実父である閑院宮典仁親王《かんいんのみやすけひと》に太上《だいじょう》天皇（上皇）の尊号を宣下《せんげ》したい」と幕府に求めてきたのだ。

けれど典仁親王は、皇位についたことがなかった。急死した後桃園《ごももぞの》天皇に跡継ぎがおらず、天皇家が絶えそうになったため、急きょ、典仁親王の子が即位して光格天皇となったのだ。

だから、天皇を退位した人に与える称号である上皇の尊号を、典仁親王に宣下するのはおかしいわけだ。このため幕府は、その申請を認めなかった。

ところが、である。なんと再度、武家伝奏が同じことを要求してきたのだ。

すると松平定信は、「武家伝奏というのは、武家側に立つべき役職のはずではないか」と激怒し、武家伝奏の正親町公明《おおぎまちきんあき》らを処罰したのである。

これによって、朝廷と幕府の関係はにわかに悪化することになった。

定信が断固たる処置をとったのには、理由があった。実は、将軍家斉に対する牽制《けんせい》だっ

たのだ。

親思いの十一代将軍家斉は、将軍経験者でない父の一橋治済を大御所《おおごしょ》（将軍を引退した人の呼び名）にしたいと熱望していた。

定信としては、そうした例外を認めたくなかった。そこで、家斉の企みを防ぐため、強い調子で朝廷の要望をはねつけたというわけだ。

こうして尊号一件によって、将軍家斉と老中定信の間も険悪な状況になった。そしてついに、家斉が定信にキレてしまったのである。

『続徳川実紀』では、そのときのことを次のように述べている。

家斉はあるとき、老中の定信と松平信明《のぶあき》を召し出し、「父上を大御所にしたい」と述べたところ、二人に「それはよろしくありません」と言われた。だが、諦めきれずに後日、再び定信に対して「強いて自分の希望を遂げたいのだ」と伝えたが、同じように定信は拒絶したのだ。すると家斉は、

「公殊《こと》に御いきどふり。御けしきかはらせ給ひ。御はかせ（佩刀《はかせ》）をもて定信を斬給はんとせられしに」（『続徳川実紀』）とある。つまり、怒りに震えた家斉が、いきなり刀を抜いてその場で定信を切り捨てようとしたというのだ。

このとき、側にいた平岡頼長《ひらおかよりなが》は、とっさに見事な機転を利かせた。素知らぬふりをして「定信よ。上様が御刀を下賜されると言うておるぞ。さあ、早う拝領せよ」と告げたのだ。

これで我に返った家斉は、手にした刀を捨てて奥に入ってしまった。一方、定信のほうも頼長の演技に便乗し、その刀を拾い上げて拝領し、そのまま退出したという。

その後、家斉は、今度は若年寄の青山忠裕《あおやまただやす》を招き、父に大御所の称号を与える件について意見を求めた。これに対して忠裕は、「上様の親への孝心は素晴らしいことだと存じます。しかしながら、幕府の制度にはそうした先例はございません。将軍家宣《いえのぶ》公が、亡き父の綱重《つなしげ》公に大相国《だいしょうこく》を贈ったのは追慕から出たことですが、大御所の尊称は与えておりません。また、将軍吉宗公は父の光貞《みつさだ》卿の死後、何も贈官しておりません。ましてや上様のご尊父・治済公はご存命であられます。ゆえに、尊号を贈るのはかなわぬことであり、定信の申すことこそ正しく、万世の公儀ゆえ、その言葉を捨ててはなりません」と諫めたので、家斉もようやく納得したという。

だが、家斉は感情的におさまらなかったようで、まもなく定信は、出張中に老中首座を罷免されてしまったのである。そう、失脚したのだ。

こうして寛政の改革は、わずか六年で終わりを告げた。寛政五年（一七九三）のことであった。

ただ、尊号一件はあくまで一つのきっかけに過ぎず、家斉は口うるさい補佐役の定信を煙たがるようになっていたのだと思われる。まじめな定信は、家斉を名君にしようとしたのだろうが、成人して自分の考えを持つようになった家斉にとって、煩わしくて仕方なくなったのだろう。

ただ、後年、家斉は定信と当時の老中たちのことを「耳に逆ひて好ましからず覚へしが。今齢たけて思ひ出すに。一々思ひあたる事こそ多けれ。ついては西の方（江戸城西の丸にいる世嗣《せいし》・家慶《いえよし》）へもあのやうの者を附置たし。重立たる役人のえらびには。其心して念入べし」（『続徳川実紀』）と述べている。つまり、昔は耳に逆らう忠告ばかり言う定信らを疎ましく思ったが、今思い返すと、当を得たことばかりであり、「我が子・家慶にもそのような者たちを付けよ」と命じたというのだ。

いずれにせよ、家斉は定信を遠ざけたわけだ。

これを知った江戸の版元や戯作者は、きっと狂喜したことだろう。この男が出版に規制をかけ表現の自由を奪ってきた張本だったからだ。

が、結局ぬか喜びに過ぎないことがわかった。

定信の罷免によって、幕府の政治の方針が変わったわけではなかったからだ。将軍家斉は、定信と個人的に不和になって退陣させただけであり、その後も自ら政治に関与するつもりはなかった。このため文化年間（一八〇四〜一八一八）あたりまでは、寛政の改革の流れを踏襲して質素倹約を旨とする政策が続くことになった。だから出版事業についても、処分を受ける者たちが出続けたのである。

定信の失脚後、政治の中心になったのは定信と共に改革を推進してきた松平信明らだった。ちなみに信明を筆頭として戸田氏教《とだうじのり》、本多忠籌《ほんだただかず》など、改革方針を引き継いだ幕府の閣僚たちを寛政の遺老と呼ぶ。いずれにせよ、将軍家斉が独裁的な権力者となり、世の中が再び弛緩《しかん》するのは、ずっと後のことなのだ。

なお、再び田沼時代の再来となった文化・文政期、武陽隠士《ぶよういんし》という正体不明の武士が、『世事見聞録』という書を著し、再び乱れ始めた士風を次のように歎いている。

「武士の行状は世の中の鑑となり、人の善悪邪正を糺明し、賞罰を執《と》るべき職分にして、少しも奢《おご》らず、また諂《へつら》はず、いささかも欲なく、身命を国家に抛《なげう》ちて忠を尽し、孝を立つべきものなり」「しかるに今、治平久しきに倦《う》み誇りて、世の万民の目当てとする所の武士の気象曲り狂ひて」「武備の覚悟なく、公務の用意といふもなし。己が本心の極まり薄く、物事早合点にして、始末行き届かず、ただ眼前の時宜《じぎ》、その場の容体を取り繕《つくろ》ふ事を専一と心得」、「利害の差別もなく我儘《わがまま》に腹を立て、人を我儘をもつて押へ付けて」「その陰にて人の迷惑難渋する所をも厭《いと》はず、またあとさきの差支へにも心を用ひず、すべて窮屈なることを嫌ひ、心よからぬ事は耳に触るることも嫌ひ」「気儘増長するなり」（本庄栄治郎校訂・奈良本辰也補訂『世事見聞録』武陽隠士著　岩波文庫）

さらに『世事見聞録』は、華美を好み、金を借りて破産する武士が後をたたないこと、役人が依怙贔屓すること、主人（上司）と家来（部下）が友達のようになってしまっていることなどを述べ、

「もつとも幼稚より親の寵愛に余り、我儘放逸に育ち、少しも堪忍の情なきもの、また継《まま》親《おや》などに懸かり邪見に育ち、人情備はらずして不作法なるもの、あるいは大酒を好み、会釈向き角立ち、時として物争ひを好み、あるいは色欲に耽り売女に狂ひ、また博打そのほかの悪事を業とする輩（幼い頃から親に寵愛されわがままに育ち、少しも我慢することができない者。また、継親に冷たくされひねくれてしまい、人情がわからず無作法な者。あるいは大酒

を飲み、態度が大きく、争いを好み、あるいは色欲に耽って女遊びに狂い、また博打などの悪事をする者）」たちが増えていると、教育のまずさを嘆いている。

まさに家斉の文化・文政期は、田沼時代の再来であった。もし蔦屋重三郎がこの時期まで生きていたら、きっと大ヒット作を連発しただろうが、惜しいかな、幕府の譴責を受けたあと、天は重三郎に数年しか時間を与えなかったのである。

歌麿と組んだ美人浮世絵（大首絵）で大勝負をかける

ただ、まだ重三郎を殺すわけにはいかない。処罰されてからわずか五年であったが、その短い歳月のなかで、再び世間をアッと言わせる大勝負をやってのけているからだ。

よく知られているのが、喜多川歌麿と組んで刊行した美人浮世絵（大首絵）だろう。

まずは、後に江戸時代を代表する浮世絵師となる喜多川歌麿について、紙幅を割いて紹介していこうと思う。

といっても、この人の前半生は、蔦屋重三郎以上にわかっていないのだ。

重三郎とは比較にならないほど多くの歌麿研究があるのに、いまだに彼がいつどこで生まれたのかすら、確かな史料を見いだすことができていない。

そんなわけだから、両親のことも、幼少期のことも語ることはできない。いまのところ有力なのは、宝暦三年（一七五三）に誕生したとする説だ。これが本当なら、重三郎より三つ年下なので、ほぼ同世代といえる。

少年の頃、歌麿は町狩野《まちかのう》（幕府や藩に属さない在野の狩野派の町絵師たち）の鳥山石燕《とりやませきえん》から絵を学んだといわれる。はじめは石要《せきよう》と名乗っていたとされ、現在、確認しうる最古の絵が、歳旦帖《さいたんちょう》『ちよのはる』の茄子の絵である。発刊されたのは、明和七年（一七七〇）のこと。

ところで歳旦帖という語は、あまり聞きなじみがないと思う。江戸時代の連歌師や俳諧師たちは、正月の吉日を選んで弟子たちを招き、新春の句会を開いた。それを歳旦開きと呼んでいる。このおり、参加者への挨拶がわりに前年に印刷しておいた句集を配布する。これが歳旦帖である。

くだんの『ちよのはる』は、四十八丁（紙を二つに折り、袋綴じした一枚が一丁）の半紙本（半紙を二つ折りにした大きさの本。縦約二十二センチ・横約十五センチ）であった。

この『ちよのはる』は俳諧師・東柳窓燕志《とうりゅうそうえんし》の歳旦帖で、自身の絵に加えて鳥山石燕や北尾重政など多くの絵師が挿絵を寄せている。そのうち一図が歌麿の筆になるもので、おそらく石燕の配慮で描かせてもらえたのだろう。茄子の絵には「歌麿」ではなく「少年　石要画」という署名がある。宝暦三年（一七五三）生まれだとすると、すでに十八歳になっているはずだが、まだ子供扱いされていたらしい。

この茄子の絵から数年後、歌麿は「北川豊章《きたがわとよあき》」と名を改め絵師としてデビューする。当初は、洒落本の挿絵や細判《ほそばん》の役者絵を描いていた。細判とは、小奉書《こぼうしょ》（約三十三センチ×約四十七センチの用紙）をさらに縦三分の一に分割（約三十三センチ×約十五センチ）した小さな判型の紙に描いた絵のこと。芝居が上演されている期間中だけ売り出すブロマイドのようなもので、サイズが小さいので値段も安かった。だから、たとえ売れなくても大きな損失は出ないので、版元たちは細判の役者絵を新人絵師の登竜門にしていたといわれる。このほか若い時期の歌麿は、武者絵や洒落本の挿絵を描いて生計を立てていた。

安永八年頃になると、西村屋与八《にしむらやよはち》が刊行する黄表紙に挿絵を描くようになった。西村屋は大手の版元だったので、歌麿も嬉《うれ》しかったに違いない。けれど、与八が最もお気に入りだった絵師は、歌麿と同世代の鳥居清長《とりいきよなが》だった。その頃の両者の仕事量を比較しても、清長は歌麿の倍以上の浮世絵を描いている。与八の鑑識眼は確かで、その後、清長は役者絵、さらに八頭身の美人画を描いて浮世絵界の寵児《ちょうじ》となっていった。

清長の人気が上がっていくと、西村屋から刊行される黄表紙から歌麿の挿絵は減っていった。これについて研究者の松木寛氏は、「人一倍自意識の強い歌麿にとって、このような西村屋の処遇は決して心地よいものではなかったのだろう。彼は間もなく西村屋から去っていく」(『蔦屋重三郎——江戸芸術の演出者——』)と推論している。

こうして歌麿が次に足を向けたのが、蔦屋重三郎の耕書堂だった。

そんな歌麿の、重三郎との初仕事は、安永十年(一七八一)のことであった。志水燕十の滑稽本『身貌大通神略縁起《みなりだいつうじんりゃくえんぎ》』を刊行したさい、歌麿が挿絵を担当したのが始まりである。

燕十という戯作者だが、馬琴は「燕十が作の冊子は、耕書堂蔦屋が板ならぬはなし」(徳田武校注『近世物之本江戸作者部類』)と述べており、重三郎の専属作家であった。もともと彼は御家人で鈴木《すずき》氏を称したが、鳥山石燕に弟子入りして絵を学ぶとともに、狂歌にも熱中し、戯作も手がけた。よくあるタイプの文人の一人だ。ただ、「他事より罪を蒙《こうむ》りて、終る処《ところ》をしらずなりぬ」(前掲書)とあるように、何か事件に巻き込まれて罪を蒙り、みじめな晩年を送ったらしい。

その後歌麿は、燕十の親友・唐来参和とも耕書堂でたびたび仕事をするようになった。

ちなみに唐来参和は、重三郎の狂歌仲間（同じ吉原連所属）の一人である。

馬琴（『近世物之本江戸作者部類』）によると、参和は武士から町人となった変わり種であった。もともと高家《こうけ》の某の家臣だったが事情があって町人に転身、本所松井町《まついちょう》にある茶屋（娼家）「和泉屋《いずみや》」の婿養子となり和泉屋源蔵《げんぞう》と称した。好人物なので、人々は商売がうまくいくか危惧《きぐ》したというが、晩年は離縁されて落魄《らくはく》したと伝えられる。

のちに洒落本『三教色《さんきょうしき》』（天明三年刊）、『天下一面鏡梅鉢《てんかいちめんかがみのうめばち》』（寛政元年刊）などのヒット作を耕書堂から出しているが、『三教色』の挿絵は歌麿が担当している。

孔子《こうし》と天照大神《あまてらすおおみかみ》と釈迦《しゃか》の三人が一緒に遊里に赴くという聖人を愚弄《ぐろう》する馬鹿馬鹿しい内容だったが、好調な売れ行きを見せた。さらに『天下一面鏡梅鉢』は爆発的なヒットとなった。朋誠堂喜三二の『文武二道万石通』と恋川春町の『鸚鵡返文武二道』と前代未聞のヒットとなったが、これに続く「参和の『天下一面鏡梅鉢』に対するフィーバーぶりは、これをも上回ったようで、それはのちの語り草となる程だった」（松木寛著『蔦屋重三郎──江戸芸術の演出者──』）といわれる。馬琴の『近世物之本江戸作者部類』にも、『天下一面鏡梅鉢』などが刊行されると、小売店の者たちが耕書堂につめかけて、朝から夕方まで市場のようだったとあり、このため製本する時間的余裕もなく、摺ったばかりの濡れた紙に、表紙と糸を添えて売り渡したと記されている。

そんな『天下一面鏡梅鉢』の内容だが、天神様（菅原道真《すがわらのみちざね》）の徳のお陰で、醍醐天皇の治世（延喜《えんぎ》の治）はよく国がおさまったという内容。松平定信の家紋は道真と同じ梅鉢紋であり、書中の天神は暗に定信のことを指している。もちろん醍醐天皇は将軍家斉だ。とにかく寛政の改革を褒めちぎっており、あまりにすばらしい世の中になり、「乞食」もぜいたくができるようになったと書かれている。つまりこの本は、暗に寛政の改革を褒め倒して馬鹿にしているのである。しかも正月に刊行された本が、春になっても袋入りにされ、武家が多く住む屋敷町で「この本の名前は天下一面鏡梅鉢。中を開けてみると、言うことができないようなことが書かれているものだ」と思わせぶりに売り歩いていたのである。

この情報は、先述の水野為長に探知され、『よしの冊子』に明記され、とうとう幕府に見咎められ絶版処分となった。重三郎も危険を感じていたのだろうか、この本の奥付には版元名を入れていない。

ところで口の悪い馬琴は、漢詩文などを多用する教養臭い参和の文体を指摘し、「能文ではなけれども」（前掲書）と言いつつも、参和は「趣向は上手にて」（前掲書）とその発想の意外性をほめ、「かばかりの才子も今は得がたし」（前掲書）と讃えている。

歌麿に話を戻すが、安永十年の志水燕十著『身貌大通神略縁起』の刊記（奥付）に「画工　忍岡哥麿」とあり、この仕事で初めて歌麿は、画号を豊章から歌麿に改めたといわれている。

ところで、そもそもなぜ蔦屋重三郎は、歌麿と仕事をするようになったのだろうか。

おそらくそれは、北尾重政の推挙や紹介があったのだと思われる。

じつは蔦屋重三郎と最も親しかった絵師は喜多川歌麿ではなく、北尾重政であった。

先述のとおり、重三郎が初めて世に送った『一目千本　華すまひ』の絵も、重政の手になるものだった。

また、重三郎が重用した絵師・北尾政演（山東京伝）は重政の愛弟子である。きっと重政が政演を重三郎に推薦・紹介し、その将来性に期待して次々と仕事を任せていったのだろう。のちに政演が戯作者・山東京伝として重三郎とタッグを組んで、多くの黄表紙を世に送り出したことは、すでに述べた通りである。

喜多川歌麿も重政の弟子同然だったという記録があるので、重政つながりで歌麿は重三郎を知ることになったものと考えられる。

じつは重三郎にとって北尾重政は大恩人といえた。若手を紹介してくれるだけでなく、重政自身が長年売れっ子の絵師であり、その「理性的で正確な筆致は世に大いに迎え入れられ」、「寛政期になっても重政が絵師の筆頭にあげられる状況」（鈴木俊幸著『新版　蔦屋重三郎』）だった。そんな重政は生涯にわたって重三郎の耕書堂の仕事を引き受け続けてくれたのである。「画工名の記載のない蔦重版黄表紙のほとんども重政の手になる」（前掲書）と考えられており、重三郎の事業拡大に大いに貢献してくれたことだろう。重政は重三郎より十歳以上も先輩だったが、二人は心底気があったのかもしれない。

もともと北尾重政は、江戸小伝馬町一丁目で本屋を営む須原屋三郎兵衛の長子として生まれた。父の三郎兵衛は、江戸日本橋通一丁目に店を構える書物問屋の老舗・須原屋茂兵衛の雇い人であったが、能力があったのだろう、やがてのれん分けで独立したといわれる。本来は長男ゆえ、重政が書物問屋を継ぐべきだったが、原栄著『浮世絵の諸派　下』（弘学館書店）によれば、商いが嫌いだったので家業を弟に譲ってしまったという。重政は幼い頃から絵を描くのが大好きで、狩野風の絵を好んで描いたというが、確たる師匠がいたわけではない。独学で絵の技術を習得したようだ。

十八歳の頃から版元・鱗形屋の依頼で暦を書き始め、やがて及ぶ者がいないほど巧妙な描き手になった。その後は大伝馬町三丁目の井筒屋（扇子屋）の裏にある長屋を借りて、版下《はんした》の仕事をするようになった。

版下というのは、現代では印刷用の完全原稿のことをそう呼ぶが、江戸時代は違った。

江戸時代の本や絵（木版画）の制作過程は、いまとは全く異なっている。まずは作家や絵師が紙に書画を書（描）く。その文章や絵を薄い紙に写し取る（清書する）作業をしてできたものを版下と呼ぶのである。

こうして写し取った版下紙は、裏返して版木（原版となる板）に貼り付け、彫り師が丁寧に彫り上げていくのである。そして完成した版木に墨を塗り、上に和紙を載せて馬棟で擦っていくと、和紙に文章や絵が転写されるという仕組みになっている。

『本朝浮世画人伝　上』（関根黙庵著　修学堂）は、重政には「就中《とりわけ》版下の書に天稟《てんぴん》の才あり」と版下の才能を讃えている。また、原栄著『浮世絵の諸派　下』（弘学館書店）も「実に版下の筆耕には、其頃三都に重政の右に出づるものがなかつた」と評している。だから「寛政頃までの蔦重の往来物の版下もほとんどが重政の手になるもの」（鈴木俊幸著『新版蔦屋重三郎』）だったようだ。つまり、重政は超一流の版下職人でもあったのである。

ただ、版下にとどまらず、重政はどんな絵も見事にそつなく描いてしまう。なかでも重政の手による武者絵や役者絵、花鳥図は人びとからたいへん好まれた。

人柄もよかった。十数歳年上の浮世絵の大家・勝川春章《かつかわしゅんしょう》も向かいに住む重政と親しみ、彼から画法を学んでいたというから、年下のみならず年上からも好かれる温厚な人物だったのだろう。

おそらく、春章を蔦屋重三郎に紹介したのも北尾重政ではなかったろうか。

春章は、宮川長春《みやがわちょうしゅん》の宮川派に属する宮川春水《しゅんすい》の弟子となったが、宮川長春と狩野春賀《しゅんが》との争いで刃傷沙汰《にんじょうざた》となり、結果として宮川派は断絶となってしまった。以後、師の春水は勝宮川《かつみやがわ》を称したので、春章も一時は勝宮川を名乗るが、やがて勝川派を興した。春章は写実的な美人画や役者絵を得意としたが、面倒見がよかったのか、勝川派は多数の門人を抱えることになった。だから春章と懇意になったことで、重三郎はその門人たちとも気軽に仕事ができるようになった。そんな春章の弟子の一人が勝川春朗《しゅんろう》、のちの葛飾北斎であった。

安永五年（一七七六）、重三郎は『青楼美人合姿鏡《せいろうびじんあわせすがたかがみ》』を刊行した。吉原の遊女たちのさまざまな姿を描く、美濃紙《みのがみ》を用いた豪華な錦絵（多色刷）本だが、じつはこれ、重政と春章の夢の競作であった。

「各妓楼《ぎろう》自慢の名妓たちが、季節の風物とともに琴や書画、歌、香合、すごろく、投扇興《とうせんきょう》などの芸ごとや座敷遊びに励み、興じ、巻末には彼女らの作による発句が掲載」（西尾市岩瀬文庫HPより）されている。おそらく吉原遊廓を宣伝するため、楼主などの有力者が費用を出し合い、重三郎に制作させたものと考えられている。

いずれにせよ、北尾重政の助力がなかったら、重三郎も山東京伝や喜多川歌麿と親密な関係が作れたかどうか怪しい。そういった意味では、繰り返しになるが、重政は重三郎の大恩人といえるのである。

大型新人絵師・歌麿を大々的に世に売り出す

喜多川歌麿は、蔦屋重三郎という版元と出会い、その引き立てによって画才を大きく花開かせていった。その成長の様子を見ていこう。

天明元年（一七八一）、歌麿と初めて仕事をした重三郎は、その画才に光るものを感じたのだろう、翌年からしばしば歌麿を用いるようになった。

翌天明二年（一七八二）、歌麿は大々的に作家や絵師たちを招いて宴席をもうけた。四方赤良（大田南畝）・恋川春町・朋誠堂喜三二・朱楽菅（漢）江・北尾重政・勝川春章・鳥居清長など錚々《そうそう》たる顔ぶれであった。

これに関して松木寛氏は、「大した当たり作もない歌麿がこのような遊宴の場を設定出来るだろうか」と疑問を呈し、この集まりは重三郎が段取りしたものであり、その目的は「出版の世界ではまだ無名に近い歌麿を、参会者達とくに戯作者の面々に引き会わせ、彼らと知己を結ばせるところにあった。勿論それは、歌麿の挿絵を彼らの戯作と組み合わせて出版しようという、重三郎の思惑が下地になっている」（『蔦屋重三郎——江戸芸術の演出者——』）と論じている。

実際、このイベントを機に歌麿は、ここに集まった戯作者たちの黄表紙や洒落本の挿絵を手がけるようになっている。天明二年の歌麿主催の宴席は、重三郎が仕組んだ、無名の絵師・歌麿を売り出す興行だったといえるわけだ。

一説には、重三郎が日本橋通油町に耕書堂を開いた翌天明三年（一七八三）から天明八年まで、歌麿は重三郎の耕書堂に居候していたとされる。完全に重三郎のお抱え絵師となったのである。このころに、「北川」姓を「喜多川」に変えたが、これは重三郎の養家の姓を踏襲したのだという説もある。

居候を始めた天明三年以後、歌麿は大判（約三十九センチ×約二十七センチ）サイズの錦絵（多色刷）やその続絵《つづきえ》（二枚以上が組になって一つの場面を表す絵）を、次々と出版するようになっていき、ほぼ耕書堂専属の絵師となったと考えられる。

大判作品の画中には版元印（出版社の印）がほとんど押されていないが、歌麿の浮世絵は重三郎との「その後の緊密な関係からも、これらはすべて蔦屋からの出版であったと考えられている」（田辺昌子著『もっと知りたい喜多川歌麿　生涯と作品』東京美術）。とくに注目を浴びたのが、天明三年に刊行された『青楼仁和嘉女芸者部《せいろうにわかおんなげいしゃのぶ》』や『青楼尓和嘉鹿島踊《せいろうにわかかしまおどり》　続』シリーズであった。

これは「俄《にわか》」と呼ばれる吉原で行われる八月のイベントを題材にとった絵である。芸者や幇間《たいこもち》が即興の狂言（芝居）をしたり、仮装して踊ったりしながら華々しく吉原を練り歩くお祭りであった。

じつはこの時期、重三郎のライバルである西村屋与八や高津屋伊助《こうづやいすけ》などが大判の錦絵を続々と刊行しており、大当たりをとっていた。とくに、先述の鳥居清長が描く美人画は空前のヒットとなっていたので、重三郎はそうしたブームに当て込んで、天明三年から本格的に錦絵の大判、なかでも美人画の刊行を目論んだのだろう。

そして、大型企画の絵師として抜擢《ばってき》したのが、まだ世に名が知られていない喜多川歌麿だったのである。歌麿も重三郎の期待に応えようと、売れっ子の鳥居清長の「画風を研究、吸収しようとする姿勢も顕著」（『蔦屋重三郎——江戸芸術の演出者——』）だったという。

ブームゆえ、ちまたには遊廓を描く大判の錦絵があふれていたが、歌麿が描く絵は、そのリアルさが抜きん出ていた。

その理由はおそらく、歌麿の浮世絵を制作するさい、吉原育ちの重三郎が吉原関係者たちの協力を得ていたからではないかといわれている。

先の田辺氏は、俄の「演目・芸者の名・衣装といった情報は、吉原側から提供」(『もっと知りたい喜多川歌麿　生涯と作品』)されており、芸者たちが「休憩する姿など裏の光景」(前掲書)などは、歌麿が実際に俄を取材したものだろうと述べている。また、「一般庶民が会うことすらかなわない高位の遊女や、妓楼の生活を取材する機会を蔦屋から得ていたと想像され」(前掲書)、だからこそ、「歌麿はほかの絵師とは一線を画す現実感のある描写」(前掲書)ができたのだと論じている。

ただ、歌麿は遊廓内の絵ばかりをひたすら描いていたわけではない。

天明六年には、重三郎自身が編纂した墨摺狂歌絵本『絵本江戸爵』が刊行されたが、この挿絵を描いたのも歌麿だった。これがかなりの好評だったようで、その後、墨摺(黒一色)ではなく、彩色摺(多色刷)の狂歌絵本を次々と刊行していった。耕書堂から発刊した歌麿の狂歌絵本は合計で十三冊に達したが、その代表的な作品の一つが、天明八年に出版された『画本虫撰《えほんむしえらみ》』である。

前述のとおり、彩色摺狂歌絵本は重三郎が大々的に始めたシリーズで、天明六年に今をときめく五十人の狂歌師たちの肖像を北尾政演（山東京伝）に描かせた『吾妻曲狂歌文庫』を刊行したことはすでに述べた通りだ。そうした中で歌麿の『画本虫撰』は、有名な狂歌師三十名の虫にまつわる狂歌とともに、さまざまな昆虫が季節の草花とともに美しく描かれた多色刷の豪華本だった。

跋文《ばつぶん》を寄せた師匠の鳥山石燕は、弟子の作品について「心に生を写し、筆に骨法を画くは画法にして、今、門人歌麿の著す虫中の生を写すハ、是れ心画なり」（筆者が読みやすく句読点等調整）。このように石燕は、虫の生（ありのままの姿や生命）を描き切った弟子・歌麿の画法を「心画」だと讃えている。

続けて石燕は、幼少年期の歌麿について「彼が幼い頃から物事を細かく観察するのが大好きで、トンボを糸でつないだり、バッタやコオロギを手のひらに載せたりして遊んでばかりいたので、命を軽んじるようになるのを恐れてたびたび戒めたが、いま思うと、そうした行動が今の画法につながり、こうした大業につながったのだろう」と述べており、よく物事を細かく丁寧に観察する子であり、虫好きの少年だったことがわかる。石燕が言うように『画本虫撰』の歌麿の絵は、極めて写実的で精巧である。

松木寛氏も「精緻な写実の視点に立ちながら、この小さな生き物たちにキメ細かな愛情を注ぎ、微妙な抒情性《じょじょうせい》を醸し出す表現様式は、我が国独自の大和絵《やまとえ》の伝統をも兼ねそなえている」（『蔦屋重三郎——江戸芸術の演出者——』）と高く評価している。

ところで、『画本虫撰』の巻末には「鳥之部、獣之部、魚之部などの狂歌絵本も近日中に出版する予定だから、お望みの方は版元まで狂歌をお寄せください」と公募している。これはシリーズ化したら必ず売れると確信してのことなのか、重三郎お得意の販路拡大のための誇大広告なのかはわからない。結局、刊行されたのは鳥之部のみで、あとは尻すぼみになって終わったようだ。

ただ、歌麿はあわせて七冊の彩色摺狂歌絵本を耕書堂から出版しており、その数は北尾政演よりずっと多くなった。政演が戯作者・山東京伝としての活躍に重点を移したこともあるかもしれないが、やはり、歌麿のリアルな画力に重三郎やお客たちから高い評価が与えられたものと思われる。

松木寛氏も「歌麿画による蔦屋版の狂歌絵本は、好調を持続していったようだ。／美人画ではまだ鳥居清長に及ばない歌麿だったが、狂歌絵本というジャンルを得て、彼はそれまで誰もが入ることのできなかった未到の芸術領域に突入していった」（『蔦屋重三郎――江戸芸術の演出者――』）と歌麿の絵師人生の画期になったと述べている。

研究者の平賀弦也氏も「自らの眼で見たものをあるがままに描き、さらに彫・摺のテクニックを駆使してリアルな色彩や質感を再現することで、歌麿は、浮世絵のパターン化された花鳥画とは一味も二味もちがう動植物画を完成させたのだった」（リチャード・レイン、林美一ほか『歌麿の謎　美人画と春画』新潮社）と論じている。

いずれにせよ、徹底した観察によってリアルさを追究した歌麿の目は、狂歌絵本の分野で花開き、やがてそれが女性に注がれることになり、希代の美人画の誕生へとつながっていくのである。

歌麿が描く素人娘の美人画が大ヒット

歌麿の経歴を述べたので、いよいよ蔦屋重三郎が歌麿と一緒に仕掛けた大勝負について語っていこう。

蔦屋重三郎は版元への見せしめとして処罰された翌寛政四年（一七九二）、歌麿に色気のある仕草を見せる美人たちを題材とした豪華な大首絵のシリーズ「婦人相学十体《ふじんそうがくじったい》」「婦女《ふじょ》人相十品《にんそうじっぽん》」「歌撰恋之部《かせんこいのぶ》」などを描かせていった。

ただ、こうした贅沢なシリーズを刊行するにあたり、相当に銭が入り用だったはずだ。

前年の御上からのお咎めは、それほど本屋の経営に響かなかったのか、それとも江戸っ子として意地なのか、はたまた、経営危機を乗り越えるための、起死回生の打ち上げ花火だったのか、そのあたりは正直言ってよくわからない。

ただし、この歌麿による美人画（浮世絵）出版が、浮世絵史の画期となったのは間違いない。

歌麿の「婦人相学十体」「婦女人相十品」の一つとして、よく知られている絵が「ポペン（ポッピン）を吹く娘」だろう。「ビードロを吹く女」などとも呼ばれているが、今も長崎土産で有名なガラス製の玩具ビードロを美女が吹いている様子を描いたものだ。

このほか「浮気之相」（浮気しそうな風呂上がりの女の姿）、「手紙を読む女」「煙草を吸う女」など、色気のある女性の仕草を描いた連作であった。しかも、これらの浮世絵は、従来の構図とまったく異なり、美女の上半身だけをクローズアップして描き出していた。

こうした拡大図を、大首絵と呼んでいる。すでに勝川派の絵師たちが、役者絵に関して大首絵の手法を用いはじめていたが、女性は全身像を描くのが常識だったことから、この大胆な美女の切り取りは、見る者に大きなインパクトを与えた。

そもそも上半身像だと、全身像に比べて身体の動きを描きにくい。このため、画中の人物の感情がわかりづらいきらいがある。しかし歌麿は、ちょっとした指使いや仕草、顔や身体の傾きによって、見事に女性の感情をあぶり出したのだ。それは、精緻な絵を得意とする歌麿だからこそ可能な手法だったといえよう。もちろん、多くの絵師のなかから、歌麿をキャスティングしたのは重三郎の慧眼である。

こうして美女の大首絵の連作が発売されると、大変な人気を博したようだ。「ようだ」と言ったのは、当時の売り上げ額などの記録が一切残っていないからだ。しかし、同じような美女を描いた大首絵が続々と他の版元から刊行されたことを見れば、江戸っ子の心をわしづかみにしたのは間違いない。きっと江戸市中のみならず、全国中に耕書堂の版元印（富士山型に蔦の葉）の入った歌麿の美人画が一気に出回ったはずだ。『浮世絵類考』（大田南畝著、仲田勝之助編校　岩波文庫）には、「清朝の人歌麿が名を知て、其商船より長崎の人へ多く錦絵を求たり、唐まで聞へし浮世絵の名人なり」とあり、歌麿の絵は海外でも人気だったようだ。

「婦人相学十体」など女性の仕草を扱った錦絵と同時期に刊行されたのが、実在の素人娘を題材にする美人画だった。この時期の美人画といえば、吉原の遊女など、その道の玄人を描くのが主流だった。ところが重三郎は、大首絵に限らず全身画であっても、歌麿に次々と町にいる素人娘たちを描かせたのだ。

代表的な女性として、富本節の名取（師匠）の芸者・富本豊雛《とよひな》、浅草随身門《ずいじんもん》脇の水茶屋につとめる難波屋おきた、江戸両国の煎餅屋の娘・高島《たかしま》おひさがいる。

翌寛政五年頃には、歌麿はこの三美女をまとめて一枚の浮世絵に描き込んでいる。それが有名な「当時三美人（寛政の三美人）」であった。おそらく読者も目にしたことがあるはずだ。

じつは、この素人の娘を描くというのは、リバイバル（再流行）を狙った戦略だった。

重三郎が版元として独立したばかりの頃（二十代後半の明和五年前後）、絵師の鈴木《すずき》春信《はるのぶ》が素人娘をモデルに美人画（浮世絵の錦絵）を描き、人気を博したことがあった。

春信のモデルになったのは、笠森稲荷《かさもりいなり》門前の水茶屋「鍵屋《かぎや》」で働くお仙《せん》。

水茶屋というのは、いまもときおり寺社の参道や境内にある、茶を飲ませる簡素な店（喫茶店）のこと。人びとが盛んに寺社参詣をするようになった江戸中期、水茶屋の数も急速に増えていった。芝神明や神田明神、両国界隈、なかでも浅草寺境内が有名だった。浅草寺には二十軒の水茶屋が並び、この区域は二十軒茶屋と呼ばれるようになった。店どうしの競争に勝つためか、各水茶屋では若くて美しい娘を雇うようになった。

江戸谷中の笠森稲荷の門前で五兵衛《ごへえ》が経営する「鍵屋」でも、十一、二歳のころからお仙が店の給仕をするようになった。彼女は五兵衛の実の娘だったが、十三歳頃から「可愛い」と噂になり、明和五年（一七六八）、絵師の鈴木春信が浮世絵のモデルにして連作を発表したのである。

これまでの妖艶な遊女の美人画と異なり、清楚《せいそ》でしとやかなお仙の姿は多くの男たちを魅了し、お仙シリーズは大ヒットとなった。すると、他の浮世絵師たちもこぞってお仙を描くようになった。なんと森田座（芝居小屋）では、歌舞伎の演目にお仙を登場させるほどだった。このため、お仙見たさに鍵屋に人びとが殺到する事態になった。いわゆる、「会いに行けるアイドル」の登場である。

「向こう横丁のお稲荷さんへ　一銭あげて　ざっと拝んでおせんの茶屋へ」という歌がうたわれ、重三郎の仲間で狂歌師の四方赤良も「谷中笠森稲荷地内水茶屋女お仙美なりとて皆人見に行」と、その随筆『半日閑話』に記すほどだった。

こうなってくると、水茶屋だけでなく客商いをする多くの店で、若い美女を店員に雇い客を集めるようになった。こうして、各地で人気の娘が続々と現れはじめた。彼女たちは評判娘ともてはやされ、娘たちの人気ランキング表（相撲番付に見立てた見立番付）も売り出される始末となった。

とくに笠森お仙にくわえ、楊子屋《ようじや》の柳屋《やなぎや》お藤《ふじ》と水茶屋の蔦屋およしが明和の三美人と呼ばれ、圧倒的な人気をほこったのである。お仙について言えば、絵草紙（絵本）、双六、手ぬぐい、フィギュア（人形）までがつくられたという。

これまで江戸っ子のあこがれといえば、白粉を厚く塗った花魁《おいらん》などの遊女、つまり玄人であった。いまでいえば、水商売や風俗業界の女性である。しかしこのたび、男たちが熱を入れた評判娘たちは、まったくの素人。薄化粧の素肌美人だった。しかも、江戸幕府は水茶屋の娘たちに木綿服の着用を強制していたので、遊女と対照的に外見は清楚であった。そんなノンプロたちが、これほど人気を得たのは、おそらく男たちの美意識が変わったからだろう。まさに画期的な変化であった。

「水茶屋の娘の顔でくだす腹」という川柳があるが、あこがれの水茶屋の評判娘の顔を見ていたいがために、水茶屋に何時間でも入り浸る熱烈な客も現れた。水茶屋の娘の多くは前垂れをつけていたが、これは、贔屓にしている客が贈るのが慣わしになっていた。なぜ前垂れなのかはよくわからないが、自分が贈ったモノを身につけて働く娘の姿を、店内で茶をすすりながら眺めるのは、贔屓の客にとっては最高の贅沢だったのだろう。いまでいえば、推し活に励む男たちが激増したわけだ。

ただ、こうした過熱ぶりを危惧した当局（町奉行所）は早くも歯止めをかけた。

明和六年、素人の娘を題材とした、本名を表記する読み物や評判記の刊行を禁止したのである。さらに翌明和七年、お仙が突如鍵屋から姿を消し（実は旗本の倉地甚左衛門《くらちじんざえもん》と結婚して茶屋をやめたのだが……）、評判娘のブームをつくった絵師の鈴木春信も同年に死去した。そんなこともあって、素人（評判娘）ブームは沈静化していき、美人画は再び遊女中心の時代に戻った。

美人画ブームの一方で、ついに歌麿も幕府から処罰を受ける

こうしておよそ二十年の月日が過ぎ、再び蔦屋重三郎が画中に素人娘の名を刻んだ美人画を堂々と出版したのである。ある意味、これは御上に対する挑発行為のように思える。まだ素人娘を題材とした刊行物の禁止条項が撤廃されていたわけではなかった。しかも重

三郎は去年処罰されたばかり。にもかかわらず、素人美人画を出版するとは、何とも不敵な人物である。

案の定、寛政五年（一七九三）、当局は美人画に実在する娘の名前を入れることは許さないと通達した。だが、そんなことぐらいで評判娘の刊行を中断するような重三郎ではない。たとえば「当時三美人（寛政の三美人）」の初版には、娘の実名が入っていた。ところが、第二版以降は名前は消されたが、着物や団扇の家紋によって本人が特定できるようになっているのだ。禁令をあの手この手でくぐり抜けながら、しぶとく商売を続けていこうとする蔦屋重三郎の商魂はまことにたくましい。

ところで、喜多川歌麿は青楼の画家とも呼ばれている。

青楼とは、新吉原のことである。かつて中国では貴人や美人の住む楼閣は青色に塗られていたことから、遊廓をそう呼ぶようになったのだ。色気のある女性の仕草、素人の評判娘、そして青楼の遊女たちが、歌麿の美人画の三本柱だったのである。

歌麿が好んで描いたのは、「呼び出し」の大首絵であった。「呼び出し」とは「吉原のメインストリート・仲の町沿いに並ぶ引手茶屋で呼び出してもらい、宴などを楽しんだ後、ともに登楼するような高級な遊びが求められる遊女のことである」（田辺昌子著『もっと知

りたい喜多川歌麿　生涯と作品』)。

　先にも触れたように、遊女には格があり、新吉原では最上級を「太夫」、その次が「格子」、その下を「散茶」と呼び、さらにもっと下にいくつもの格下の遊女たちがいたが、寛政年間になると、太夫と格下がなくなり、散茶が最上となった。彼女たちは格子部屋に並んで客を招くような張見世《はりみせ》をせず、客が茶屋を通して呼び出してもらったので「呼び出し花魁」とか「呼び出し女郎」と呼ばれるようになった。もちろん、一般庶民が彼女たちを呼び出して遊ぶようなことは到底できない。だからこそ江戸っ子たちの憧れの存在であり、その姿を大首絵にすることで、売り上げが伸びたというわけだ。

　ただ、遊女の浮世絵の制作費はすべて重三郎がまかなっていたわけではないようだ。雲母摺《きらずり》の贅沢な絵が多く、遊女だけでなく所属する妓楼の名が登場することから、吉原の楼主たちがスポンサーとして費用を負担していたと考えられている。つまり、遊女の浮世絵は吉原の宣伝広告だったというわけだ。もちろん重三郎など版元にとっても、「妓楼主等をスポンサーに立てながら、作品出版を実施していくこの方法は、経営上きわめて効率的で、大きなメリットを持っていた」(松木寛著『蔦屋重三郎――江戸芸術の演出者――』)のである。私は、重三郎が吉原の宣伝マンだと考えているので、遊廓を盛り上げるため、儲けを度外視した可能性もあると思っている。

いずれにせよ、歌麿を起用した美人錦絵、大首絵は大きな反響をもたらした。売り上げも爆発的に伸びたようだ。それは、この寛政初年に「新興の版元が次々と開業し、実際、寛政期末には天明期の倍以上に、錦絵の版元が増えている」（田辺昌子著『もっと知りたい喜多川歌麿　生涯と作品』）ことでもわかる。

まさに美人画ブームを巻き起こした重三郎だったが、同時にそれは版元間の競争激化も招くことになった。そうしたなかで、他の版元たちが超売れっ子で蔦屋に囲われている歌麿に声をかけないはずがない。結果、歌麿は他の版元からも次々に女性の大首絵を刊行していくようになった。そうなれば、必然的に耕書堂の仕事は減っていく。寛政七年あたりからは、評判娘の名前を判じ絵（絵を組み合わせて言葉を当てるなぞなぞ）で表す『高名美《こうめいび》人六家撰《じんろっかせん》』シリーズを新興の版元から出して人気をとっている。それにしてもなぜ、重三郎は京伝を専属にしたように歌麿の美人画を自社で独占販売せず、他の版元からの出版を許したのだろう。これに関しては、美人画のヒットで自信をつけた歌麿が耕書堂からの独立をはかったとか、写楽を取り立てたことで、歌麿が腹を立てたなど諸説がある。ただ、他の版元の作品のほうが芸術性が高く、耕書堂から刊行した絵は精彩を欠くようになるので、二人の間に確執が生まれたのはまちがいないだろう。なお、他の版元から出した判じ絵シリーズだが、当局によって翌八年、画中に判じ絵を用いることが禁止されてしまった。寛政十二年、今度は歌麿の登場によって一世を風靡した美人の大首絵が禁じられたのだ。田辺昌子氏は「これらの禁令が、当局を刺激するような作画を重ねた歌麿をターゲットとしたことは明らかであろう」（前掲書）と述べている。それだけ喜多川歌麿は、超絶した美人画絵師だったわけだ。

このように手足を縛られていったが、それでも歌麿は筆を折らず、浮世絵を制作し続けた。そして文化元年（一八〇四）、ついに歌麿は幕府から処罰されてしまったのである。この頃、豊臣秀吉の生涯を虚飾を交えて描いた『絵本太閤記《えほんたいこうき》』が大ブームになり、これに便乗して絵師たちが秀吉や家臣たちの絵を描いた。が、幕府は豊臣を肯定的に描いていると して、『絵本太閤記』を没収して絶版とし、これに関連する浮世絵を描いた絵師たちを次々と罰していった。歌麿も秀吉の醍醐《だいご》の花見を題材として描いた「太閤五妻洛東遊観之図《たいこうごさいらくとうゆうかんのず》」をとがめられ、手鎖五十日の刑を受けたのである。こうした度重なる規制や弾圧によって厳しい状況に追い込まれ、処罰後は病になり、絵に精彩を欠くようになった歌麿だが、最後まで筆を折らずに庶民向けの浮世絵を刊行し続けた。それが彼の矜持だったのだろう。

処罰から二年後の文化三年（一八〇六）九月二十日、歌麿はこの世を去った。重三郎に後れること九年、五十四歳（異説あり）であった。

蔦重肝いりの謎の絵師・写楽の役者絵は意外に売れず

歌麿に続いてさらに重三郎は全く無名の新人絵師を使って大型企画を打ち出した。その絵師とは写楽である。寛政六年（一七九四）五月に彗星のごとく現れたかと思うと、写楽はすさまじい速さで作品を発表していった。

たった十カ月半のあいだに、なんと百四十以上もの浮世絵を刊行したのだ。

これほどのスピードで、一人の絵師が新作を世に送り続けたためしはない。しかも、結果的には登場から一年にも満たない短期間で写楽は筆を折ってしまった。その浮世絵は上質の紙をつかった雲母摺の贅沢な仕様だった。ある意味、歌麿の美人画を上回る重三郎の一世一代の大勝負だったのではないかと思う。

しかしながら、いまいち人気が上がらず、手法を変えたりしたものの、なかなか売り上げが伸びなかった。結果、重三郎の経営的判断によって、写楽は姿を消したのだろう。ともかく活躍時期が短いので、いつ生まれいつ亡くなったのか、素性も何もわからない。ある日、忽然《こつぜん》と姿を消してしまったのだ。まさに浮世絵史上最大のミステリーである。そんな写楽と彼の浮世絵についてこれから詳しく語っていこう。

写楽は、いきなり二十八作の役者の大首絵を一気に刊行して衝撃デビューを飾った。重三郎がすべての費用を負担したのか、芝居小屋や役者のひいき筋などから資金を集めたのか、写楽のデビューを豪華にプロデュースしたのである。

その作品には雲母《うんも》という高価な色材を使い、絵の背景に真珠のような光沢を生み出している。また、私が出演しているＮＨＫ『歴史探偵』の調査によると、デビュー作の和紙をマイクロスコープを使って分析したところ、一般的な絵師のデビュー作よりも上質の和紙が使われていたことが判明した。重三郎はこれまでにない多額の先行投資によって、無名の新人を売り出したのである。これだけ金をかけたわけだから、当然、当時は大きな話題となり、東洲斎写楽の名も巷間《こうかん》に知れ渡ったことだろう。

それにしてもなぜ、重三郎は無名の新人にこんな大作を任せたのだろうか。

どうせなら、実績のある有名な浮世絵師に依頼したほうが良いと思うのだが……。

ただ、残念ながら写楽を抜擢した理由は、文献などの史料からは一切明らかになっていない。だから、これはあくまで私の想像だが、「無名の新人」というところに意味があるのかもしれない。現代でも素顔を見せない新人アーティストがデビューすると話題になる。絵に関していえばバンクシーなども、まさに謎の絵師といえる。もし素性が知れていたら、あれほどその作品に高い値がつくかどうかわからない。「謎」は、人びとの好奇心をくすぐる大きな魅力なのだ。きっと重三郎も、人の心をくすぐるポイントをよく知っていて、あえて謎の新人を起用することで、人びとの購買意欲を刺激しようとしたのかもしれない。

重三郎がこんな思い切ったことをしたのは、写楽の個性的な絵を利用して役者絵の頂点に立ちたかったのではないかという説がある。

当時、浮世絵の人気のモチーフは、美人と役者と定番が決まっていた。

前述のように、重三郎は喜多川歌麿をプロデュースして、美人画で一世を風靡することに成功した。いっぽうで、役者絵の方では後れをとっていた感がある。

重三郎は美人画のみならず、役者絵でも人気を伸ばし、浮世絵版元のトップブランドになりたいと考えていたのかもしれない。

ただ、役者絵にはライバルの版元が多い。これに勝つためには思い切って商品を差別化する必要があった。だから、独特な絵を描く新人絵師の作品に、掟破りの豪華な仕上げを施すことで、大きな話題を作って売り上げを伸ばそうとしたのではなかろうか。

版元としてあくなき重三郎の欲が、この企画を生み出したのだと思うのだ。

正体不明といわれたら、やはりどうしても知りたくなるのが人情というもの。そんなわけで、写楽の正体について、これまでさまざまな説が唱えられてきた。

なかでも昔から噂されてきたのが喜多川歌麿説と葛飾北斎説である。画力の高さから二人の名があがっているのだ。

ちなみに、NHKの『歴史探偵』で二〇〇八年にギリシャのコルフ島で見つかった写楽の肉筆画を分析した結果、独特な線の描き方が見て取れた。もし歌麿や北斎の肉質画に同じ線があれば、同一人物が描いたという可能性が高いのだが、残念ながら同じような線は見受けられなかった。

では、写楽はいったい誰なのか。

蔦屋重三郎本人ではないかという説がある。確かに、正体を隠すには一番便利であるし、山東京伝のように文才がある者には、画才を有しているものが少なくない。

重三郎も版元でありながら、狂歌に入れ込んでいたし、自らが戯作を書いたこともある。ただ、彼に絵の才能があったという痕跡はない。さすがにこの説には無理があろう。

先日、たまたま現在の東京都中央区の住吉《すみよし》神社(佃一ノ一ノ一四)を訪れた。佃島《つくだじま》の鎮守で、正保三年（一六四六）に佃島の住人が故郷摂津国《せっつのくに》の住吉神社から分霊して創建したと伝えられる。神社を訪れたさい、境内で面白いものを発見した。

手水所の手前に、比較的新しい石柱がある。建立者は六代目歌川豊国《とよくに》とあり、「東洲齋寫楽終焉ノ地」と刻まれているのだ。どうやら、数ある写楽の正体の諸説の一つとして、佃島没説があるようだ。この地を来訪して初めて知った。石柱には「寛政九年七月七日没」とちゃんと死んだ日まで彫られており、「この人、両足指六本なので庄六となり、それが転じて画号写楽となる。職業は欄間の彫師、後に二代目下駄屋甚兵衛となる」と刻まれている。庄六（ショウロク）が、写楽（シャラク）となったなんて、ずいぶんシャレた説である。

さて、現在最も有力なのは、斎藤十郎兵衛《さいとうじゅうろべえ》説である。

江戸時代の『増補浮世絵類考』（浮世絵師の人物辞典）に「斎藤十郎兵衛」「阿州侯《あしゅう》の能役者」と明記されているのだ。

阿州侯とは、阿波《あわ》徳島藩主の蜂須賀《はちすか》氏のことである。

近年の研究によって、斎藤十郎兵衛が実在の人物であることはわかっている。

十郎兵衛は、藩に仕える能役者ということだが、身分としては武士になる。当時、寛政の改革によって「武士は、本分以外の行動は慎むように」と通達されており、多くの武家出身の戯作者や絵師が活動を自粛したことは、前に述べたとおりである。

つまり、武士が浮世絵を描く行為は幕府の禁制に触れるため、あえて武士身分を隠すため、写楽は正体不明の絵師になったのかもしれない。

とはいえ、これほど迫力ある役者の大首絵が描けたのは、やはり写楽が演技に精通した役者だったからであり、どの一瞬を切り取ればいいかがわかっていたからだというのだ。

そんな写楽＝斎藤十郎兵衛説を補強する推論がある。

写楽の号である「東」「洲」「斎」の三つの漢字を「斎」「東」「洲」と並べ替える。すると「さい」「とう」「しゅう」と読める。これを「さいとうじゅう」、すなわち「斎藤十」と考え、斎藤十郎兵衛こそが東洲斎写楽ではないかというのである。

ただ、『増補浮世絵類考』が成立したのは、写楽が活動した時期から五十年あまり後のことになる。すなわち同時代の史料ではないので、確実な証拠とはいえないのだ。

ともあれ、大々的なプロデュースにもかかわらず、写楽の浮世絵があまり売れなかった原因はどこにあるのか。

研究者たちの多くは、写楽が役者の顔の特徴をかなり誇張して描いたことを要因としてあげている。

なぜ、わざわざ誇張する必要があったのか。

それは、デフォルメしたほうが、その人物の本質がわかると考えたからではなかろうか。つまり写楽は、役者の人格や個性までも画中に入れ込もうとしたのであり、それこそが絵師の真骨頂であるという信念を持っていた気がするのだ。いや、新人の写楽のことだ。そうした信念は、蔦屋重三郎のものであったかもしれない。

なお、弘化三年（一八四六）に出版された作者未詳の『江戸風俗惣まくり』という本には、写楽の浮世絵に対する率直な評価が記されている。

意訳して紹介すると、「顔立ちをよく写し取っているものの、色艶を壊したとして役者たちから嫌われた」とある。また、『浮世絵類考』にも、「歌舞伎役者の似顔をうつせしが、あまり真を画かんとてあらぬさまにかきなせし故、長く世に行はれず一両年に而止《てや》ム」と記されている。

写楽は役者の顔の特徴をそのまま写すのではなくデフォルメして描いたことで、役者から嫌われてしまったらしい。また、ファンにとっても、本物より少しイケメンに描かれていたほうが嬉しいし、デフォルメされた役者絵なんて欲しくはないだろう。つまりファン心理を正確に理解できなかったところに、重三郎と写楽の敗因があったのだと考えられている。しかし、読者や購買者の喜ぶことを考えてヒットを飛ばしてきた重三郎だけに、何とも不思議な気がしてならない。

なお、重三郎が写楽という新人をつかって役者絵で攻勢をかけてきたことは、ライバルの版元たちを大いに刺激した。結果、絵師の勝川春英《しゅんえい》と歌川豊国《うたがわとよくに》が写楽と同じ演目で浮世絵を発売したのである。あえて競合させて写楽を失墜させてしまうという作戦だったと思われる。結果、軍配は春英と豊国にあがった。それからの写楽は、重三郎の方針転換もあってか、個性を消して役者を描くようになってしまった。描くごとに特徴は薄れ、鮮烈なデビュー時の個性が消滅、そして十カ月後に浮世絵界から姿を消したのである。

おそらく筆を折って能役者に戻ったのだろう。

NHK『歴史探偵』の収録では、写楽のデビュー作のひとつ「四代目岩井半四郎の重の井」の当時の浮世絵を間近で目にする機会を得た。半四郎はあどけない丸顔が特徴の、「おたふく半四郎」という愛称で親しまれていた歌舞伎の女形である。

絵の場面だが、生き別れたわが子と劇的な再会をしたものの、立場上、自分が母だと打ち明けることができず、涙をこらえて子供と別れるシーンだった。写楽は、そんな母が我が子に向ける一瞬のほほえみを見事に切り取っていた。江戸時代の人びとの共感は得られなかったが、少なくとも現代人の心は動かされる表情だった。

写楽が表舞台から消えてからおよそ百年後、ドイツ人美術研究家であるユリウス・クルトが写楽の研究本を刊行した。彼は本の中で多くの写楽作品を紹介し、写楽は役者の個性までも書き込んだ絵師であると称賛した。そしてこの本が逆輸入される形で、日本における写楽の再評価が一気に進むことになった。

蔦屋重三郎の写楽プロデュース作戦は、百年以上早かったのである。

北斎を大抜擢するも、蔦重は志半ばで旅立つ

写楽を大々的に売り出した寛政六年（一七九四）、重三郎は一人の絵師を抜擢して狂歌絵本『柳の糸』の挿絵を任せた。それが後の葛飾北斎である。きっと彼の中に光る才能を見いだしたのだろう。北斎は、宝暦十年（一七六〇）に江戸は本所割下水《わりげすい》で生まれた。父親は幕府御用の鏡師中島伊勢《なかじまいせ》とも川村《かわむら》氏ともいうが、あまりよくわからない。時太郎《ときたろう》と名付けられた六歳の頃から、好んでモノのかたちを描くようになり、十九歳のとき浮世絵師・勝川春章の弟子となり、翌年から勝川春朗と名のって絵師人生をスタートさせた。

北斎はとにかく研究熱心で、やがて自派の流儀だけでは満足できなくなり、片っ端から他派の技法や西洋の遠近法などを学んで作品に取り入れはじめた。

こうした態度が兄弟子のひんしゅくを買ったようで、三十代半ばで勝川派を破門になってしまった。そこで装飾画風の俵屋《たわらや》一派に入り、二代目俵屋宗理《そうり》と名のって肉筆画を中心に仕事することになった。

ちょうど破門になったばかりの頃、重三郎は北斎を登用したのである。ただ、あまり売れ行きはパッとしなかったのか、二人の仕事関係はそれきりになった。

北斎にとっては屈辱的な経験だったかもしれない。しかし、そうした失敗があったればこそ、彼はのちに大家になったのだと思う。そんな北斎の後半生については、後に詳しく紹介するつもりだ。

ともあれ、処罰されてからも、重三郎はさまざまなジャンルに手を広げつつ、出版界に盤石な地位を築きつつあった。

野心家の蔦屋重三郎のことだ、おそらくさまざまな企画を胸に秘めており、それを実現するため、多くの作家や絵師とタッグを組んで、世間をあっと言わせ、大いに儲け、吉原を復権させるつもりだったことだろう。

しかしながら、思いもしない病魔が、四十七歳の重三郎に襲いかかった。脚気《かっけ》である。ビタミンB_1が不足するとかかる病である。白米ばかり食べている江戸っ子に少なくない病気だった。もちろん、治療法はわかっていないから、体調は回復せずに床につくようになり、ついに寛政九年（一七九七）五月六日、四十八歳で死去してしまったのである。

亡くなる直前、重三郎は「俺は今日の午の刻（昼十二時）に亡くなるだろう」と自らの死期を予言したといわれる。

が、その時刻になっても、まだ息をしていたのである。このおり重三郎は苦笑し、「自分の人生は終わったが、まだ命の終わりを告げる拍子木が鳴らない。この遅さは何なのだろう」と戯れたと伝えられる。

もし生きていれば、将軍家斉の文化文政期という文化の爛熟期において、重三郎は大いに活躍したはず。もちろん重三郎だって、この若さで死ぬ気はなかった。

それは馬琴が重三郎を悼んで詠んだ歌でもわかる。

「思ひきやけふはむなしき薬玉《くすだま》も　枕のあとに残るものとは」（徳田武校注『近世物之本江戸作者部類』）これは「あなたが亡くなった今日となっては役に立たない薬玉も、寝る人もいない枕元にまだ残っているとは、思ってもみなかった」（前掲書）という意味だ。薬玉とは、「薬の玉を錦の袋に入れ、菖蒲などを結び付け、五色の糸を飾って長く垂れた物。延命を祈って身に付けた」（前掲書）のだという。

重三郎は、病からの復帰を祈念して闘病していたことがわかる。それだけに何とも残念であり、壮年で病に倒れた本人もさぞかし無念だったろう。

遺体は浅草新鳥越町の正法寺に葬られ、既述のように、重三郎の墓石には石川雅望の手による墓碣銘《ぼけつめい》が刻まれた。

ただ、雅望は重三郎の臨終を見届けていない。というより、見届けることができなかった。もともと雅望は、小伝馬町で旅籠屋を営んでいたが、寛政三年、家業について無実の罪によって江戸市中から追放されてしまう。重三郎が死去したさいも、まだ江戸の郊外に蟄居《ちっきょ》していた。そんな後悔もあって、亡き友のために見事な墓碣銘をしたためたのであろう。

こうして重三郎はここで人生のピリオドを打ったが、彼と関わりのあった作家や絵師たちは、その後も生きて数奇な運命をたどった。そんな人びとを次章で紹介しよう。

Ⅳ 蔦重プロデュースの絵師・作家列伝

四方赤良（大田南畝）は幕府役人として七十二歳まで現役！

蔦屋重三郎とタッグを組んで、多くの狂歌本や狂歌絵本を刊行した四方赤良（大田南畝）の後半生について紹介しよう。

四方赤良の大田家は、代々の幕臣（下級武士）の家柄で、赤良も十七歳のときに御徒《おかち》として出仕した。

けれど赤良は、若い時分から戯作や狂歌に稀《まれ》な才能を発揮し、先述のとおり狂歌三大人といわれ、狂歌師として世間では四方赤良の名を知らぬ者はいないほどになった。

ただ、武士のくせに町人や役者たちと交わって狂歌に興じ、高名を得ていることを面白く思っていない上司や同僚たちも少なくなかったはず。とくに田沼時代には、上司の勘定組頭・土山宗次郎に可愛がられ、彼の経済的な援助をうけて吉原で贅を尽くし、ついには遊女を身請けまでしていた。ところが寛政の改革が始まると、パトロンだった土山は、不正が露見して処刑されてしまった。

こうして庇護者を失った赤良に対し、職場での風当たりはますます強くなったことだろう。だが、悲しいかな、現代と違って当時は原稿料や印税はなく、文筆で生計を立てるのは不可能であった。このため赤良は、やむなく狂歌を封印して役人の仕事を続けるしかなかったのである。

そんな赤良に栄達のチャンスが訪れる。松平定信は、幕府の昌平坂学問所において学問吟味という試験制度をもうけた。そこで赤良は学問に励み、四十六歳のとき第二回学問吟味にチャレンジしたのである。数日間にわたって四書五経をはじめ、さまざまな学力を試されるもので、当時としては初老の赤良にとって体力的にも大変だったろう。しかし彼は、御目見得以下の幕臣としてトップの成績をとり、二年後、勘定奉行が統括する勘定所（幕府の財政・民政を担当する役所）の役人（支配勘定）に抜擢《ばってき》されたのである。

つまり赤良は、風刺をきかせた狂歌で体制を小馬鹿にする態度を改め、忠実な幕府の経済官僚として生きる道を選んだのだ。さらに五十三歳のときに大坂銅座へ赴任する。一年間という短期間の出向だったが、この頃から密かに狂歌師・蜀山人としての活動を再開した。やはり、狂歌は赤良にとって生きがいなのだ。

三年後の文化元年（一八〇四）、今度は長崎奉行所の勘定所へ転任となったが、そこでも多くの狂歌を詠み、中国人やオランダ人とも交流したと伝えられる。

文化五年（一八〇八）三月三日、この日、赤良の自宅で還暦祝いが開かれた。現代の会社員なら定年退職の年齢だが、一人息子の定吉《さだきち》が三十歳近くになっても役職につけないため、まだ引退できないでいた。

そんな還暦になった年の十二月、赤良は上司の命令によって多摩川《たまがわ》の巡視に出張している。この年の夏、大雨によって多摩川の堤防があちこちで決壊して多摩地域は大洪水に見舞われた。そこで急ぎ堤の修復がなされていったが、そんな多摩川堤防の状態をきちんと確認したり工事を監督したりするため、寒風吹きすさぶ真冬に河原を歩くというなんとも苛酷な仕事であった。暮れも押し詰まった十二月十六日、赤良は自宅を出立し、元旦は多摩郡の是政村《これまさむら》で迎えている。しかもこれ以後、三カ月にわたって巡察の旅を続けるのである。

「今朝右の上齶の歯落たり、のこる所わづかに上に三ツ下に二ツなり」(『調布日記』)

このように旅の最中、残る歯がわずか五本となったと、赤良は日記で嘆いている。

また、十二月二十日には吹雪に遭うという困難を経験している。

だが、こうしたなかでも創作意欲を失わず、『向岡閑話《むこうがおかかんわ》』、『玉川砂利《たまがわじゃり》』、『玉川余波《たまがわなごり》』など、十九冊に及ぶ紀行や随筆を書き上げた。

赤良が六十四歳になった年、ようやく息子定吉の出仕が決まるが、まもなく精神に異常を来して免職となってしまった。

このため赤良は、孫の鎌太郎《かまたろう》が成人するまで隠居できなくなり、なんと、現役に終止符を打ったのは七十二歳のときだった。

そしてそれから三年後、赤良は脳溢血によって亡くなるが、晩年は妻に先立たれ、曾孫である正吉《しょうきち》の夭折《ようせつ》という悲劇にも見舞われた。

また、将来を期待していた鎌太郎だが、学問せずに遊びほうけ、ついに己の死まで仕官の知らせを聞くことはなかった。そして七十五歳の文政六年（一八二三）、赤良は登城の途中で転倒し、それがもとで死去してしまった。

戯作批評の権威、狂歌の世界では独壇場だった赤良は、体制側に入って職務に励んだもののの、このように還暦以後は家庭的には恵まれず、寂しい晩年を送ったのである。

日本初の専業作家と呼ばれる曲亭馬琴

曲亭馬琴は山東京伝を通じて蔦屋重三郎と知り合い、一時は耕書堂に居候して京伝の黄表紙を代筆していたことはすでに述べたとおりである。歴史などに題材をとった文章中心の伝奇小説である読本を手がけるようになり、耕書堂から読本『高尾船字文《たかおせんじもん》』を出した。

ただ、そこそこ話題を集めたものの、ベストセラーにはならなかった。

そもそも馬琴自身も、物書きという職業を卑下していた。実際、戯作を出版してもろくな金にならず、執筆は富裕層の暇つぶしだと考えられ、人びとから戯作者は遊民と馬鹿にされていた。それに戯作は「実」を生み出すのではなく「虚」（フィクション）のものなので、文学として低い立場にあった。

馬琴が誰もが認める大作家になるのは、重三郎亡き後である。享和二年（一八〇二）に上方に旅行したさい、馬琴は文人たちと交流したり、歴史上の人物の史跡や墓を訪ねて大いに啓発された。そしてこれを機に本格的に読本作家に転身し、三十七歳のときに出版した『月氷奇縁《げっぴょうきえん》』が一千百部という、当時としてはベストセラーになったのである。ただ、すでに蔦屋重三郎は、読本作家としての才能を馬琴に見いだしていたようで、寛政七年（一七九五）に『高尾船字文』全五巻五冊を執筆させている。これが馬琴が作家として初めて認《したた》めた読本であり、馬琴自身の回想によれば、「文章は未熟で拙いけれど、『水滸伝』などの描写を参考にした」とある。だが、当時は滑稽本が流行していたこともあり、大した評判にもならず、江戸では三百部売れたが、大坂の版元に送った百五十部のうち過半は返品されてしまったという。やはり時勢に乗らなくてはどんな良書であっても、売れないのである。時流を読むことに優れていた重三郎だったが、写楽同様、時には読み違えることもあったのだ。というか、時代の先を行き過ぎていたのだろう。

いずれにせよ、一躍人気作家となった馬琴は、四十一歳のときに源為朝《みなもとのためとも》を主人公にした『椿説弓張月《ちんせつゆみはりづき》』を書き、大ヒットさせた。弓張月シリーズは続巻が出るごとにバカ売れして版元の利益は通常の三倍となったので原稿料のほかに金十両が贈られた。なお、一番の代表作といえる『南総里見八犬伝《なんそうさとみはっけんでん》』を書き始めるのは文化十一年(一八一四)、四十八歳のときだった。

『南総里見八犬伝』は、安房《あわ》国に実在した里見家を題材とした同家の姫と八犬士たちの活躍を描いた伝奇小説である。

里見家の伏姫《ふせひめ》が自害し、そこから飛び散る八つの珠《たま》。やがて八人の犬士たちが紆余曲折《うよきょくせつ》をへて里見家に集まり、同家を再興するという物語だ。

当初、馬琴は長編にするつもりはなかったようだが、爆発的な人気になったことで、最終的に三十年近く書き続けることになった。

なぜこれほどヒットしたのか。それは、奇想天外な登場人物なのに、その描写が細かくてリアル、しかもフィクションなのに実在する場所や史実を巧みに織り交ぜ、物語全体の構成が非常にしっかりしていたからだ。

そこがベストセラーとなった最大の要因だと思われる。だが、理由はそれだけではない。『南総里見八犬伝』の内容が、暗に幕政批判になっていたことも大きいだろう。八犬伝の大きな枠組みは、正義が悪をやっつけるという勧善懲悪を主題とした壮大なストーリーであった。これはある意味、正義をおこなわない幕政に対する批判が含まれていたといわれる。

馬琴が約三十年近くにわたって八犬伝を執筆していた時期、将軍家斉が政権を握って放漫政治を展開していた。松平定信が失脚したあと、寛政の改革はその仲間や部下たちによってしばらく続いていたが、十年以上経つと力を持った将軍家斉が贅沢三昧の暮らしを続け、四十人以上の側室を持ち五十人を超える子供をつくった。このため幕府の備蓄金は急速に減っていき、馬琴が八犬伝を書き始める頃には底を突いてしまった。にもかかわらず、家斉は散財をやめず、水野忠成《みずのただあきら》に命じて文政元年（一八一八）には貨幣に含まれる金銀の含有量を落とす文政の改鋳を断行したのである。それが一回だけではなかった。なんと合わせて八回も貨幣の質を落として悪貨を市場に流通させたのだ。当然、貨幣の価値が下がることで物価が急騰し、庶民は長年不景気に苦しむようになったのである。このため幕府に対する不満や怨嗟《えんさ》の声があふれるようになった。そうしたなかで、馬琴は幕府によって滅ぼされた実在の安房国里見家の再興の物語を勧善懲悪という痛快なかたちで描いていったのだ。

ただ、この意図が幕府に悟られたら処罰される危険もあるので、その筆力をもって巧みに隠し通したのである。

幕末維新で活躍した勝海舟も「馬琴の『八犬伝』も、あれは徳川の末世のことを書いて、つまり不平の気を漏らしたのだ。ちよつとみると、なんの意味もないやうだが、その無さゝうなところが、上手なのサ」、「馬琴の諷刺は、ちやうど司馬遷の『史記』のやうなもので、褒貶《ほうへん》曲折が著しい。およそ窮屈な時代には、才の競争で、手を拍《う》つやうな上手な諷刺が多くあるものだ」(勝海舟著、江藤淳・松浦玲編『氷川清話』講談社学術文庫)と馬琴の幕政批判の巧みさを褒めている。ちなみに馬琴は、海舟が二十代半ばまで存命であった。

ともあれ、馬琴も蔦屋重三郎と同様、その奥底には傲慢な政治権力に対する抵抗心をたぎらせていたのだと思う。その反響は大きく、歌舞伎や浄瑠璃の題材になったり、パロディー本が出たりしている。最終的に『南総里見八犬伝』は全百八十話百六冊におよぶ大作となった。

ただ、これだけ書いて生活していたわけではない。同時に他作品も数多く書いたのである。売れるので執筆依頼が多かったこともあるが、それだけではない。原稿料が安いため、多作しなくては生計が立ち行かないからだった。馬琴自身も次のように述べている。

「文化年中馬琴の戯墨《ぎぼく》、毎歳臭草紙《まいとしくさぞうし》・読本共に、十余種出板せざることなし。そのすけなき年といへども、必《かならず》八、九種発行しけり。戯作者ありてより以来、一人一筆にして、かくの如く著編の年々多かるは前未聞也。遠方の看官はこれを疑ひて、馬琴といふもの二人も三人もある歟《か》といへり（文化年間、馬琴は草双紙や読本合わせて十冊以上出版していた。少ない年でも必ず八、九冊発行した。戯作者というものが現れて以来、このような多作な作家は前代未聞である。ゆえに読者はこれを疑い、馬琴という作家は二人、三人存在するのではないかと言った）」（『近世物之本江戸作者部類』※（　）内は筆者の補足）

一説には、この曲亭馬琴が原稿料のみで生活をしていた日本初の専業作家の一人だといわれる。

ちなみに馬琴は、妻のお百との間に長男の宗伯《そうはく》と長女の幸《さき》をはじめ、一男四女に恵まれた。ただ、お百がたいへんな癇癪《かんしゃく》持ちで、夫婦仲はあまり良くなかったという。また、長男の宗伯が病気がちで、なかなか仕官できずにいた。

馬琴自身も欠点の多い人間だった。非常に頑固なうえ偏屈で、ケチなのだ。あまりに細かいことを指摘するので、たった一年間でお手伝いさんが七人やめてしまったほどである。娘の婿も二人、逃げている。

売れっ子作家だったので、馬琴の執筆スケジュールは殺人的だった。なんと毎日早朝から夜の十時過ぎまで机に向かって文字を書き続け、その後は睡魔が襲うまで執筆に関する資料を読みふけった。徹夜する日も珍しくなかったそうだ。

そんな生活を長年続けてきたものだから、やがて仰向けになると激しい目眩《めまい》に襲われるようになり、横臥して寝ざるを得なかったという。無理をしたため老化も早く、三十代から歯が抜けはじめ、五十七歳のときについに総入れ歯となった。なんだか四方赤良と似ている。作家という職業は今もそうだが座り続けて神経を集中させ続けるので体に良いとは思えない。

文政七年（一八二四）、馬琴は飯田町《いいだまち》の家を娘聟《むすめむこ》の清右衛門《せいえもん》に譲り、自分は長男の宗伯の住む神田同朋町《かんだどうぼうまち》の屋敷へ移っている。それは隠居して悠々自適の生活をおくるためではなく、宗伯の看護のためだった。

じつはこれより前、病弱だった宗伯が松前藩《まつまえ》の藩医（士分）に登用された。松前藩の殿様が大の馬琴ファンで、そのコネで仕官できたのである。馬琴は自分が武士出身（といっても軽輩）であることにプライドを持っており、幼い頃から宗伯に武士の教育をほどこし、近所の子と遊ばせないほどだった。だから宗伯が武家に仕官できたことは、馬琴にとってたいへんな喜びだったろう。

ところが、文政六年正月から宗伯は持病の脚気が悪化したうえ、眼や咽喉を患い、松前家の祝儀の席で足腰が立たなくなり、そのまま病床についてしまったのだ。その後も病状はなかなか安定せず、三年近く半起半臥《はんきはんが》の状態が続いた。この間も売れっ子作家の馬琴は、仕事が続々と入り、多忙な毎日を送っていた。

文政十年、ようやく宗伯の病状が安定する。そこで馬琴は、お路《みち》という娘を息子の嫁に迎えた。そして六十二歳のとき、馬琴は初孫を授かったのである。

だが、喜んだのもつかの間、まもなく宗伯の病気が再発し、病状は悪化の一途をたどり、馬琴が六十九歳のとき、三十九歳の若さで亡くなってしまったのだ。

後にはお路と嫡孫の太郎《たろう》（八歳）、そしてその下の孫娘二人が残された。

このとき馬琴は執筆で眼を酷使し、右目を失明してしまっていた。

だが、それでも亡き息子の家族を養ってゆかねばならない。

悪いことに左目もかすみはじめ、原稿も遅れがちになっていた。

そこで馬琴は、嫡孫の太郎を武士にしようと思い立った。当時は旗本・御家人の権利(株)が密かに売りに出されていた。武士には禄という定収人があり、最低限の生活は保障される。

馬琴は二百両で売りに出ている御家人株に目を付けた。ただ、今までの貯蓄だけでは金が足りなかった。そこで古稀《こき》祝いと称して書画会を開催し、金を工面しようとしたのである。

ところが馬琴は人付き合いが嫌いだった。大名などの高貴な人々が馬琴の作品に感動して交際を求めてきても、これを拒み続けてきた。そんな性格なので金のためとはいえ、古稀祝いはさぞかし苦痛だったろう。こうして開いた書画会だったけれど、その収益は目標額に達しなかった。そのため、これまで収集した蔵書類を泣く泣く売って金をかき集め、ようやく御家人株を手にしたのである。

興味深いのは、孫を武士にした後も、馬琴が執筆をやめなかったことである。

公には戯作者という職業を卑しみながらも、心底、書くことが好きだったのだろう。

ただ、やがて馬琴は完全に失明してしまった。視力を失うことは、作家にとって致命的といえる。しかも、馬琴は七十四歳の高齢だった。創作意欲を失って筆を折るのが普通だろう。

ところが、なおも馬琴は執筆を続けたのである。なんと、文字を知らなかった嫁のお路に字を教え、口述による代筆をさせたのである。

こうして天保十三年(一八四二)、長い間書き続けた『南総里見八犬伝』がついに完結した。しかし、それからも馬琴は作家業を続け、死ぬ直前までやめなかったと伝えられる。こうして馬琴は、嘉永元年(一八四八)、八十二歳の生涯を閉じたのである。

馬琴と並んで重三郎が売り出した十返舎一九についても触れておこう。

重三郎と死別してから一九は、耕書堂を出て長谷川町の町人の入り婿となって数年過ごしていたが、やがて離縁して新たに妻を娶り、通油町の版元鶴屋(耕書堂のライバル)の裏にある地本問屋の会所(集会場)に管理人として住むようになった。妻との間に女児が生まれたが、この娘は十六歳のときに踊りの師匠となり、一九一家の生計を助けたという。

享和年間(一八〇一～一八〇四)に入ると、黄表紙に加えて洒落本の執筆、さらには読本、人情本、咄本、紀行文、書簡文範(手紙の文例集)、往来物、合巻などあらゆるジャンルを手当たり次第に書きまくるようになる。一九は挿絵も自分で描いたので、本の製作が安く済むということで版元に喜ばれた。

享和二年（一八〇二）、一九は後の大ヒット作を世に送った。そう、滑稽本『（浮世道中）膝栗毛』初編である。

これは、駿河国府中出身の弥次さん（弥次郎兵衛）が江尻出身の居候の喜多さん（喜多八）と、厄落としのために江戸から東海道を通って伊勢参りへ向かうという話だ。二人の滑稽なやりとりは狂言などのパロディーが多く、しかも観光地や土産物、特産物などが巧みに配置されて旅行記のようになっていたので、すぐに続編が決まり、最終的に二十一年間にわたって十二編が執筆された。これによって人気作家としての立場を不動のものにした一九だったが、当時は印税制度はないので、とにかく金を稼がなくてはならず、それ以後も多くの原稿を書きまくり、最終的に総作品数は五百八十以上になった。馬琴によれば、時間があるときは版元からの依頼をうけ、他人の作品の清書をして日銭を稼いでいたという。

また馬琴は、「一九は酒を非常に好み、言動を慎まない俗物だったたし、彼が書いた本は『東海道中膝栗毛』以外、当たり作はなかった」とけなしているが、一九も馬琴と並んで原稿料だけで生計を立てた作家の一人であり、生活のためとはいえ、専業を目指した心意気は敬服に値する。

『東海道中膝栗毛』の刊行によって勢いに乗っていた文化元年（一八〇四）、一九は災難に見舞われた。

この年、大坂の戯作者・武内確斎《たけうちかくさい》が書いた『絵本太閤記』（挿絵は岡田玉山《おかだぎょくざん》）が幕府から絶版命令を受けた。同書は寛政九年に出版されると大人気となり、次々と続編が刊行され、五年間で七編（八十四冊）が出されていた。この人気にあやかり、太閤を題材にした浄瑠璃や歌舞伎が上演され、類書や浮世絵が続々と出版されていった。こうした過熱ぶりに対し、幕府は『絵本太閤記』を絶版とし、これに類する本や絵を出した作家や絵師も処分したのである。このおり歌麿や豊国も罰せられたが、一九も『化物太閤記』（『絵本太閤記』のパロディー本）という草双紙を出したことをとがめられ、この本は絶版となり、手鎖五十日の刑に処せられたのである。

文政十二年（一八二九）三月、火事によって地本問屋の会所が全焼してしまったので、一九は長谷川町の裏長屋に転居せざるを得なくなったが、この頃から中風を患い、天保二年（一八三一）に六十七歳で死去した。そんな一九が残した辞世の句が「此世をは とりやお暇に 線香の 煙とともに 灰さようなら」というもの。

一九らしい洒落と滑稽の利いた辞世だ。

耕書堂での挫折が、葛飾北斎を大成させた？

別項で述べたように、葛飾北斎を大抜擢した蔦屋重三郎だったが、結局、その力量不足から北斎は期待に応えることができなかったようだ。

こうして雌伏の十年を過ごしたあと、葛飾北斎と名乗って再び浮世絵版画を出すようになった。もう四十六歳のときのことだ。

この時期から北斎は曲亭馬琴が書く読本の挿絵を描くようになった。一時は馬琴の屋敷に住み込むという熱の入れようで、源為朝を描いた『椿説弓張月』はヒットし、馬琴の名だけではなく北斎の名も世に知らしめることになった。

金銭に関しては、曲亭馬琴とのこんなエピソードも残されている。

貧乏で母の年忌ができそうにないのを哀れんだ馬琴は、北斎に金を包んで送った。ケチな馬琴にしては珍しい。心底、北斎に同情していたのだろう。ところがその日の夕方、馬琴が北斎のもとを訪れたさい、談笑している最中に北斎が紙を取り出して鼻をかみ、それを部屋に捨てた。ふと見てみると、それは自分が北斎に与えた金の包み紙だった。

これを見て馬琴は激怒し、「これは今朝、おまえにあたえた香典の包み紙じゃないか。

中にあった金を仏事に使わず、他のものに使ったのか。この不孝者め！」とののしった。するると北斎は笑って「君がいうように、もらった金はすでに食べ物になって私の口の中に入ったよ。僧侶を雇って読経させるより、亡き父母からもらったこの身を養い、百歳まで長生きするほうが親孝行だろう」と言ったので、馬琴はあまりの非常識にあきれて黙ってしまったという。

いずれにせよ、馬琴も変人だったが、北斎はその上を行く変人で、常人とは異なる金銭感覚の持ち主だったことがわかる。

北斎は挿絵だけに満足しておらず、芝居小屋の巨大な看板絵を描いたり、江戸音羽《おとわ》の護《ご》国寺《こくじ》本堂で百二十畳の和紙に大きな達磨《だるま》の絵を描いてみせるなど、派手なパフォーマンスをおこない、オランダ人が絵画の制作を依頼するほどの著名な絵師となっていった。弟子や孫弟子も二百人を優に超えたという。

もし重三郎が生きていたら、大いに驚いたことだろう。

ところで、北斎は生涯に九十三回も転居している。部屋の片づけが苦手で、室内がゴミであふれると引っ越すのだ。ただ、転居した先で火事に遭わないというのが北斎の自慢だった。

江戸市中は火事が多かったが、五十回以上も住居を替えながら一度も火難に遭わなかったのである。そこで調子に乗った北斎は、五十六回目の転居（七十五歳）以降、みずから鎮火の守り札を描いて人に与えるようになった。なんともユニークな人物だ。

ところが、それからまもなくして火事に見舞われてしまう。

家が燃え始めると北斎は仰天し、筆をにぎったまま外へ飛び出し、家財道具も持ち出さずにひたすら火事現場から逃げ続けた。よほどショックだったのだろう。北斎はさまざまな絵を模写した縮写版を多く保管していたが、それも全部燃えてしまった。だから以後、縮写はやめて自分の絵の下絵も残さないようになったという。

北斎は、生涯に二度の結婚をしている。前妻との間に一男二女、後妻との間に一男一女をもうけたというが、二人の妻の名はわからず、死別か離婚かさえも不明だ。ただ五十三歳ぐらいから独り身となり、以後は女性を近づけることはなかった。部屋にゴミをためるようになったのは、このあたりからだろう。

北斎は馬琴と同じように、自宅でひたすら朝から深夜まで毎日絵を描き続けた。やがて腕が萎え目が疲れてくるとようやく筆を置くのが日課だった。それ以外のことは、本当に何もしなかった。九月下旬から四月上旬までは、炬燵《こたつ》の中に入ったままで仕事をした。夜も炬燵の中で寝たので、夜着も身につけなかったし、掃除をしないので炬燵ぶとんはシラミだらけだった。炊事も一切せず、三度の食事は近くの煮売屋に頼んで自宅に運んでもらって食べた。ただ、食器や箸もないから料理は手づかみで食べ、包む竹の皮や重箱などはそのまま放置したので、すぐに部屋は散らかり始めていく。

そんな北斎でも、客が来たときはさすがに茶を出した。でも自分では入れずに、大声で煮売屋の店員を呼び、その者に給仕させたという。あきれるほどのずぼらだ。

北斎の食生活は、ちょっと変わっている。酒は一切呑まず、辛いものも食べない。これは良いとしても、なんとお茶も飲まなかったのだ。ただし甘い物が大好物で、いつもこれを欠かさなかった。そして、なぜか寝る前には、必ず蕎麦《そば》を食べるのが日課だった。

日頃の運動不足と偏食が祟《たた》ったのか、六十八、九歳のとき軽い脳卒中をおこした。このとき北斎は自慢の医学知識をいかし、発作から二日以内に飲めば効くという薬を自分でつくった。土鍋に入れた極上の酒一合に柚子《ゆず》を細かく刻んだものを入れ、しずかに水飴《みずあめ》のようになるくらい煮詰め、白湯《さゆ》とともに服すのだそうだ。すると病は完治し、これ以後、九十歳で亡くなるまで病気らしい病気はしなかったのである。

いつのことかは不明だが、三女の阿栄《おえい》が離婚して北斎のもとに転がり込んでいる。彼女も父親と同じ絵師をしており、同じ絵師の南沢等明《みなみざわとうめい》のもとに嫁したが、阿栄のほうが夫よりも絵がうまかった。このため彼女は、等明の絵のつたなさをたびたび指摘しては笑ったという。これでは夫婦関係はうまくいくはずもなく、ついに離婚に至ったのである。

北斎が阿栄と同居するようになってからも、その不潔な生活は改善されなかった。なぜなら、阿栄もずぼらな性格だったからだ。家事などは一切せず、一日中、父親とともに絵を描いて過ごしていた。阿栄は画号を「応為《おうい》」と称したが、これは北斎が娘をその名前で呼ばず、「お～い」と連呼したことによると伝えられている。

金銭に困っていたのは引っ越しのせいだけでなく、北斎が金銭というものに執着がなかったことも関係している。明治二十六年（一八九三）に刊行された『葛飾北斎伝』（飯島虚心著）には「金銭を得るといへども、敢《あえ》て貯《たくわ》ふの意なく、これを消費すること、恰《あたかも》土芥のごとし」（鈴木重三校注　岩波文庫）と、北斎の金銭感覚の麻痺が指摘されている。

すでに六十歳を過ぎた頃から北斎は日本の代表的な画家として知られ、描いた絵も他の画家の倍額以上で取引された。なのに、紙に包まれた謝礼の額を確かめることもせず、そのまま部屋にほうり投げておく。このため、食費や絵の具代などをもらいに来た商人たちは、ゴミのなかから勝手に紙に包まれた礼金を持ち去り、その代金とした。思った以上に金が入っていれば超過分も着服し、足りぬときは改めて不足分を催促にやって来たという。けれど北斎は一切、文句をいわなかった。衣服も贅沢なものを身につけず、木綿の服が破れても繕いもせず、柿色の袖無しの半天をはおり、地方から出てきた老爺《ろうや》のような格好を好んだ。

百歳まで生きて、ただ好きな絵を書き続ける

北斎は百歳まで生きることに異常なこだわりを持っていた。北斎は北斎辰政《ときまさ》とも号したが、これは、厚く妙見菩薩《みょうけんぼさつ》を信仰するあまり、名付けた画号である。妙見菩薩は北極星（北辰星）や北斗七星の化身で、長寿延命をかなえる力を備えているとされた。

長生きしたいのには理由があった。もっともっと絵の技倆《ぎりょう》を磨きたいのである。

七十五歳になった天保五年（一八三四）、北斎は冨嶽《ふがく》三十六景に続く大作『冨嶽百景』を刊行しているが、巻末に次のような言葉を記している。

「私は六歳のときから絵を描いてきたが、七十歳前まで描いた絵はじつに取るに足らないものだった。七十三歳になって少しだけ禽獣虫魚の姿や草木の様子を描くことができるようになった。だからきっと八十歳になればもっとうまくなり、九十歳で奥義をきわめ、百

歳で神妙の域に達するだろう。そして百数十歳になれば、一点一画がまるで生きているがごとくに描けるだろう。どうか長生きした方々は、私の予言が本当だったことを見てほしい」

天保六年に北斎が小林新兵衛など知人に与えた手紙にも「老人（私）はいつもと変わらずに、ますます描絵に力をいれております。百歳になる頃には、ようやく画工の数にも入るだろうと思っております」と記している。

固執する性格の北斎は、人体の骨格を知らなくては本当の人間を描くことはできないと、接骨家の名倉弥次兵衛《なぐらやじべえ》に弟子入りして接骨術を学んで筋骨の研究をしたという。下絵は精密に描いたが、それでも気に入らなければ何度も書き直した。

あるとき北斎の弟子・露木為一《つゆきいいっ》が阿栄に向かって「筆がうまく運ばない。絵描きになろうと思っているが、ダメかもしれない」とため息をついた。すると阿栄は笑って、「私の父は幼い頃から八十歳の今にいたるまで毎日絵を描き続けていますが、この前、腕を組んで、「私は猫一匹もきちんと描くことができない」と涙を流し、嘆息しておりました。絵の分野だけでなく、己はダメだと自らを棄てようとするときは、じつはこれ、その道に上達する機会なのです」とアドバイスした。すぐ横で阿栄の言葉を聞いていた北斎は、「まさにその通りだ」と頷いたという。

八十九歳の弘化五年（一八四八）に刊行した『画本彩色通《えほんさいしきつう》』の跋文にも「九十歳になったらまた画風を一新し、百歳以降はこの画道を改革することだけに邁進《まいしん》する」と述べている。驚くべき、というより、恐ろしき進歩への執念だといえる。

北斎が長生きできた理由として、人間関係に気を遣わなかったことがあげられる。礼儀正しくすることを嫌い、道ばたで知人にあっても「こんにちは」、「やあ」というだけで、立ち止まって時候の挨拶をすることはなかった。時には歩きながら法華経をとなえ続け、知人が目に入らないふりをしたようだ。

「富貴をもて翁を左右すること能《あた》はざるなり」（前掲書）とあるように、北斎は金や権力では決して動かなかった。たとえばあるとき弘前藩主・津軽氏が北斎を藩邸に招いて、屏風《びょうぶ》絵《え》を描かせようと使いをやったが応じようとしない。諦め切れない津軽侯は、再び家臣を派遣した。その者は北斎に五両をにぎらせて同行を求めたが、北斎は動かない。必死に頼んでも同意しない。

するとその家臣は激昂し、「この場で北斎を斬り殺して自分は腹を切る」と騒ぎだした。驚いて周囲の人びとが制止し、北斎に「ぜひ一緒に行ってあげるべきだ」と勧めたが、北斎は「いま受け取った五両を返せばよい。明日、誰かに持たせて藩邸へ返却する」と言い捨てたので、みんなその頑固さにあきれ果てたという。

ところが数カ月後、北斎はぶらりと弘前藩邸に訪れ、屏風絵を描いて去っていったのである。いずれにせよ、強制されるのが大嫌いで、やりたくないことは、いくら金を積まれても脅されても、絶対やらない男だった。ある意味そこまで頑《かたく》なに生きることができるのはスゴいと思う。

大名にさえ気を遣わなかった北斎だが、孫との関係には苦労している。

北斎の長女・阿美与《おみよ》は門人の柳川重信《やながわしげのぶ》と結婚していたが、阿栄と同じく離婚し、長男を連れて実家に戻ってきた。しばらくして阿美与は亡くなり、北斎は残された孫を溺愛した。ところが成長するにつれ、素行が悪くなる。何とか立ち直らせようと、人びとと相談して店を与えて魚屋として一本立ちさせ、女房も持たせたものの、賭け事に手を出し、たびたび借金などの尻ぬぐいをすることになった。さすがに勘当しようとしたが、仲裁に入る者がたびたび現れた。ただ、ついに我慢ならなくなり、実父の柳川重信に引き渡したのである。柳川は息子を奥州へ連れていったが、「途中で孫が逃げ出すのではないか心配だ」と北斎は知人宛の手紙に書くほどだった。結局、その翌年に柳川は死去してしまい、再び孫は江戸へ戻った。

数年間、北斎は相模国三浦《さがみみうら》へ転居しているが、これは孫から身を隠すためだという説もある。また、北斎が本所の榛《はんのき》馬場に住んでいたとき、毎日、小さな紙に獅子の絵を描き、それを丸めて窓から投げ捨てていた。あるひとが通りかかって、なぜこんなことをしているのかを尋ねると、「これが私の孫である悪魔を祓う禁呪なのだ」と言ったそうだ。それほど蛇蝎《だかつ》のごとく孫を避けていた。よほど北斎に迷惑をかけたのだろう。

孫に悩まされたものの、北斎はひたすら大好きな絵だけを描き続けて生きていくことができた。ただ九十歳になった年、にわかに病にかかり、薬も効かない容態となった。医師は阿栄に向かって「老衰だから、治らない」と宣告した。

阿栄は献身的に看病したが、衰弱は激しく、いよいよ臨終のときを迎えた。多くの門人や友人たちが集まってきた。このとき北斎は嘆息し、「天があと十年、いや五年の命を長らえさせてくれたら、私は真正の画工になれたのに」と告げ、そのまま亡くなったのである。それにしても、その向上心には、まさに敬服のほかはない。

以上、重三郎と関わりの深い戯作者や絵師の後半生について述べた。いずれも矜持を持って死ぬ直前まで作品づくりに没頭しつづける生涯を送ったのであった。

おわりに

蔦屋重三郎は、刊行する本や浮世絵が次々とヒットして、一代で大手の版元に成り上がった。ゆえに江戸のメディア王と呼ばれたり、歌麿や写楽などを発掘したことから江戸のプロデューサーと称賛されたりした。本書でも彼の企画力やプロデュース力を紹介してきた。

ただ、私たちが重三郎に惹き付けられるのはそうした才能より、幕府の弾圧にも屈せずに人々の求める作品を世に送り続けたことではなかろうか。誰もが権力には抗しがたく、上に忖度しなければ生きていけない。それが現代社会であろう。だからこそ権力をあざ笑い、処罰されても態度を変えなかった矜持に憧れを抱くのだと思う。

本書では、重三郎と関係の深い四方赤良（大田南畝）、曲亭馬琴、十返舎一九、葛飾北斎の後半生を取りあげた。いずれも己の活動に誇りをもち、老いても身を引かず、死ぬまで創作に精魂を傾けた。それが彼らにとって、何にも代えがたい生きがいだったからだろう。何ともうらやましい生き方だ。

本文で繰り返し述べてきたように、私は蔦屋重三郎が吉原遊廓の宣伝マンであり、スポークスマンだったと思っている。耕書堂が刊行した膨大な作品のうち、吉原に関するものが過半を占めている。それが何よりの証拠だ。これだけ吉原作品の比率が多い版元は他に存在しないだろう。つまり、遊廓の名主や楼主たちが、吉原育ちの才人・重三郎の出版事業を全面的にバックアップし、遊廓の維持・発展を目論んだのである。

重三郎が生まれた頃には、大金を落とす上級武士や豪商は減り、吉原の収益は減少の一途をたどっていた。時間単位で安く体を売るようになった。太夫《たゆう》（最上級遊女）も姿を消し、芸も教養もない下級遊女が激増し、岡場所（私娼窟）と大差がなくなってしまったのだ。経営者側はどうにか客を集めようと、俄《にわか》などの楽しい年中行事を多く設け、遊女も客を惹き付けるために起請文を書いたり、客の名を腕に彫ったりした。

そんな斜陽産業の再生を、重三郎は吉原の有力者たちに託されたのではないだろうか。

かくして重三郎は、多くの作者や絵師を吉原でたびたび接待し、その虜にさせて吉原文学や吉原絵画を描かせたのである。ところが、せっかく吉原人気が復活しつつあったとき、松平定信が現れて厳しい規制をかけたことで、吉原は火が消えたようになってしまう。

重三郎が嫌がる作家や絵師をかき口説いてまで、幕府の忌諱《きき》に触れる吉原作品をつくらせたのは、遊廓の窮地を救うためであり、官憲の弾圧への密かな抵抗だったのではなかろうか。

残念ながら志半ばで重三郎が没したあと、吉原は衰退の一途をたどり、天保の改革でさらなる打撃を受ける。岡場所から多数の遊女が吉原へ流れ込み、妓楼《ぎろう》の経営は苦しくなったのだ。ために遊女はロクに飯も食わせてもらえず、虐待を受けて多くの客をとらされるようになった。あまりの仕打ちに遊女たちは、計画的に付け火をしてわざと逮捕され、町奉行所に事実を訴えた。重三郎が没してから、およそ五十年後のことであった。

もし重三郎が病に倒れず、その後もメディアを駆使して吉原をプロデュースし続けていれば、ひょっとしたら吉原の衰退はなかったかもしれない。本書を書き終えたいま、つい、そんな想像をしてしまう私がいる。

二〇二四年十二月　　河合　敦

河合　敦《かわい・あつし》
1965年東京都生まれ。歴史作家。多摩大学客員教授。早稲田大学非常勤講師。青山学院大学文学部史学科卒業。早稲田大学大学院博士課程単位取得満期退学（日本史専攻）。テレビ番組「歴史探偵」（NHK総合）他に出演。著書に『江戸500藩全解剖』『日本史の裏側』『日本三大幕府を解剖する』『歴史の真相が見えてくる 旅する日本史』『武将、城を建てる』など多数。

朝日新書
979
蔦屋重三郎《つたやじゅうざぶろう》と吉原《よしわら》
蔦重と不屈の男たち、そして吉原遊廓の真実

2024年12月30日第１刷発行

著　者　河合　敦

発行者　宇都宮健太朗
カバーデザイン　アンスガー・フォルマー　田嶋佳子
印刷所　TOPPANクロレ株式会社
発行所　朝日新聞出版
〒104-8011　東京都中央区築地 5-3-2
電話　03-5541-8832（編集）
　　　03-5540-7793（販売）

Published in Japan by Asahi Shimbun Publications Inc.
ISBN 978-4-02-295290-5
定価はカバーに表示してあります。